淡海《おうみ》文庫 67

サンライズ出版

小寺 慶昭 著

近江の猟犬を楽しむ

愛読者カード

ご購読ありがとうございました。今後の出版企画の参考にさせていただきますので、ぜひご意見をお聞かせください。なお、お答えいただきましたデータは出版企画の資料以外には使用いたしません。

●書名

●お買い求めの書店名（所在地）

●本書をお求めになった動機に○印をお付けください。

1．書店でみて　2．広告をみて（新聞・雑誌名　　　　　　　　　　）

3．書評をみて（新聞・雑誌名　　　　　　　　　　）

4．新刊案内をみて　5．当社ホームページをみて

6．その他（　　　　　　　　　　）

●本書についてのご意見・ご感想

購入申込書

小社へ直接ご注文の際ご利用ください。
お買上 2,000 円以上は送料無料です。

書名　　　　　　　　　　（　　　冊）

書名　　　　　　　　　　（　　　冊）

書名　　　　　　　　　　（　　　冊）

郵 便 は が き

お手数ながら切手をお貼り下さい

522-0004

滋賀県彦根市鳥居本町655-1

サンライズ出版 行

〒

■ご住所

■お名前《ふりがな》　■年齢　歳　男・女

■お電話　■ご職業

■自費出版資料を　希望する・希望しない

■図書目録の送付を　希望する・希望しない

サンライズ出版では、お客様のご了解を得た上で、ご記入いただいた個人情報を、今後の出版企画の参考にさせていただくとともに、愛読者名簿に登録させていただいております。名簿は、当社の刊行物、企画、催しなどのご案内のために利用し、その他の目的では一切利用いたしません（上記業務の一部を外部に委託する場合があります）。

【個人情報の取り扱いおよび開示等に関するお問い合わせ先】
サンライズ出版 編集部　TEL.0749-22-0627

■愛読者名簿に登録してよろしいですか。　□はい　□いいえ

ご記入がないものは「いいえ」として扱わせていただきます。

はじめに　狛犬を知っていますか？

「狛犬を知っていますか？」と聞かれたら、ほとんどの人が「知っているよ」と答えるだろう。中には、「子どもでも知ってるよ！」と、質問者にいやな顔を向ける人もいるかも知れない。実は、私自身も「知っている」と思い込んでいたのであった。

平成元年、ふと「獅子・狛犬と言うが、どこが違うのだろう？」と疑問を抱いたのがことの始まりである。分からなかったので近くの本屋へ駆け込んだが、狛犬に特化した本は見あたらなかった。当時はインターネットも未発達で、仕方がないので手元にあった『広辞苑』で調べることにした。次に関係部分のみを引用する。

しし【獅子・師子】①ライオン。からしし。〈和名抄一八〉②左右の狛犬《こまいぬ》のうち、左の方の（『広辞苑』第六版・二〇〇八年版では「向かって右方の」と訂正されている）口を開いた方をいう。③獅子頭《ししがしら》の略。

こまいぬ【狛犬】（高麗犬の意）神社の社頭や社殿の前に据え置かれる一対の獅子に似た獣の像。魔よけのためといい、昔は宮中の門扉・几帳《きちょう》・屏風などの動揺するのをとめるためにも用いた。

権威があるとされる天下の『広辞苑』に対して失礼だが、矛盾や疑問に満ちあふれた文章であり、私にはさっぱり理解できなかった。

この説明文に満足できず、実際に調査をすることにした。暇を見つけては、あるいは暇をこしらえては、ずるずると三十余年も全国の神社を巡るという深みにはまってしまうことになるのだが、結果として右記の説明文は正しくないとの確信を持っている。

狛犬には、口を開いたもの(阿形《あぎょう》)と口を閉じたもの(吽形《うんぎょう》)がいるのはよく知られている。しかし、この説明文のように「向かって右方の阿形の像が獅子だ」とは言えない。

そもそも「獅子舞」が問題である。獅子が舞うから獅子舞である。頭を噛んでもらっている人も多いが、口を開いている時だけが獅子なら、口を閉じている時は果たして何なのか？　口を何%以上開いていれば獅子と言えるのか？　私は狛犬調査の途中で口を半開きにした石像にも多くお目にかかったが、迷ってしまうではないか。

また、一対の内、「向かって右方の阿形が獅子」だという。もし向かって右の像が吽形なら何というのか(実際に多数存在している)。向かって左が阿形なら獅子とは言えないのか。

つまり、この説明では「一対の獅子に似た獣の像」の総称(二体一対の総称)が「狛犬」で、その中の「向かって右の阿形」という一体(単体)が「獅子」だということであり、たとえば「向かって左の吽形」をどう呼ぶのかは書かれていない。名前がないとすれば存在が認められていないことであり、これほどかわいそうなことはない。

狛犬は、麒麟や龍、霊亀と同じく霊獣である。想像上の生き物とはいえ動物であり、当然動き回る。それを口の開閉や位置の左右で定義づけることに無理がある。

また、狛犬は几帳（平安文学によく出てくる、室内間切り用小型カーテンのようなもの）等の布の裾が揺れるのを防ぐための重しだったという。根拠として『枕草子』や『栄華物語』がよく挙げられている。確かに、狛犬は『枕草子』二七八段にも登場する。正暦五年（九九四）二月、清少納言が新築になった二条宮を訪れる場面である。二条宮は藤原道隆が娘である皇后定子のために自分の屋敷の隣に建てたものだ。

つとめて、日のうららかにさし出でたるほどに起きたれば、白う新しうをかしげに造りたるに、御簾《みす》よりはじめて、昨日掛けたるなめり、御しつらひ、獅子、狛犬など、いつのほどにか入りゐけんとぞをかしき。

（日本古典文学大系『枕草子 紫式部日記』岩波書店）

同書は、後半部分を「室内の御設備は、獅子でも狛犬でもいつの間に入っていたのかと面白い」と訳した上で、

獅子・狛犬は主上と后の御帳台《みちょうだい》に限りその前に据える置物

との注釈を載せている。御帳台の前に動物の像を置くのは中国から渡来した風習であり、当時は皇后になると大床子（こしかけ台）と師々形（狛犬像）が天皇から贈られた（『権記』長保二年〈一〇〇〇〉二月二五日条、ほか）。

つまり、御帳台前の獅子・狛犬は、その中の人物が高位の方であり、聖域であることを示すとともに守護している聖獣であることを、清少納言はちゃんと理解している。獅子・狛犬の像が重し（鎮子《ちんし》）に使われたことがあったとしても、それは本来の設置目的ではない。現代風に言うなら「狛犬像の目的外使用」であって、『広辞苑』の説明は「鉛筆は頭をかく時にも使われた」との説明を辞書に載せるのと同じではないか。

『広辞苑』ばかりを批判すると顰蹙《ひんしゅく》をかう虞もあるので、意図を弁明しておく。問題は、この説明文がよく引用されるからである。近年、各自治体で地域の狛犬に焦点を当てた展覧会を催したり、奈良県の某有名神社が新発見の狛犬を陳列・公開したりなど、狛犬への注目度は高まっている。大変ありがたいことだが、「向かって右の阿形が獅子、左の吽形が狛犬」と書いた美術館があったり、某学芸員が誤った狛犬クイズを会場内に掲示したりしていた。根拠を聞くと異口同音に「広辞苑に従っています」という。学芸員（全員でなく極一部であろうが）でさえこの調子なのだから、インターネットでは眉毛につける唾が涸れるほど怪しい情報に満ちあふれている。それだけ『広辞苑』の影響力は大きく、責任が重いから俎上に載せたのであり、特別な悪意があるわけではない。

ここまでお読み頂けた方は、簡単に「狛犬なら知っているよ」と言えないことに気づいて頂けたのではないだろうか。

ことのついでに、追い打ちをかけるような一〇の質問を列挙する。

①　狛犬と獅子とはどこが違うのですか?

②　狛犬は、向かって右が阿形、左が吽形というのは決まっているのでしょうか?

③　狛犬は、阿形が雌で、吽形は雄と聞きましたが、どうなんでしょう?

④　狛犬は神社にいるもので、お寺にはいませんよね?

⑤　狛犬は殆どの神社にいるようですが、設置率は何%ぐらいでしょうか?

⑥　狛犬は信仰心のあつい人や願掛けの人が寄進するのでしょうか?

⑦　狛犬は日本で生まれた日本独自の文化だと言えますか?

⑧　狛犬は、神社の境内で見かける牛や猿、狐などの像と同類ですか?

⑨　狛犬と沖縄のシーサーは親戚関係ですか、他人の空似ですか?

⑩　狛犬の起源はスフィンクスと聞いたのですが、まさかねぇ?

あなたが今まで何気なく見てこられた狛犬たちも、以上のような問題意識で見直すと、謎に満ちた魅力的な存在であることをおいおい分かって頂けると思う。

私は狛犬の魅力に取り憑かれ、京都府内の全神社を調査した。次に大阪府の神社を巡り切り、続いて滋賀県内の全神社を、大津市から反時計回りに琵琶湖を一周して調査した。県内では一八三〇の社寺を巡った。もちろん竹生島にも沖島にも行った。山奥の廃村の神社で狛犬調査をしていると、日傘を差した着物姿の女性が歩いてこられて仰天したこともある。避暑に夏だけ帰ってこられるのだという。大汗をかいて登った伊吹山山頂では、狛犬がいなかった寂しさをヤマトタケルの像に慰められた。朽木村（当時）の山中で江戸時代に大坂から寄進された狛犬を発見した時には、震えるほど感動したものである。

県内の社寺の参道で計一三八五対の狛犬たちと出会ってきた。本書は私が足で稼いだ近江の狛犬の調査報告書であり、先の一〇〇の質問に答えつつ、狛犬観察の楽しさとともに、その背後に見え隠れする多くの人々の生活や願いが少しでも伝えられればと願う。

是非、近江の狛犬を楽しんで頂ければ幸いである。そして、近くの神社へ出かけられ、狛犬と友達になって頂ければと願いつつ、筆を進めていくことにする。

小寺慶昭

目次

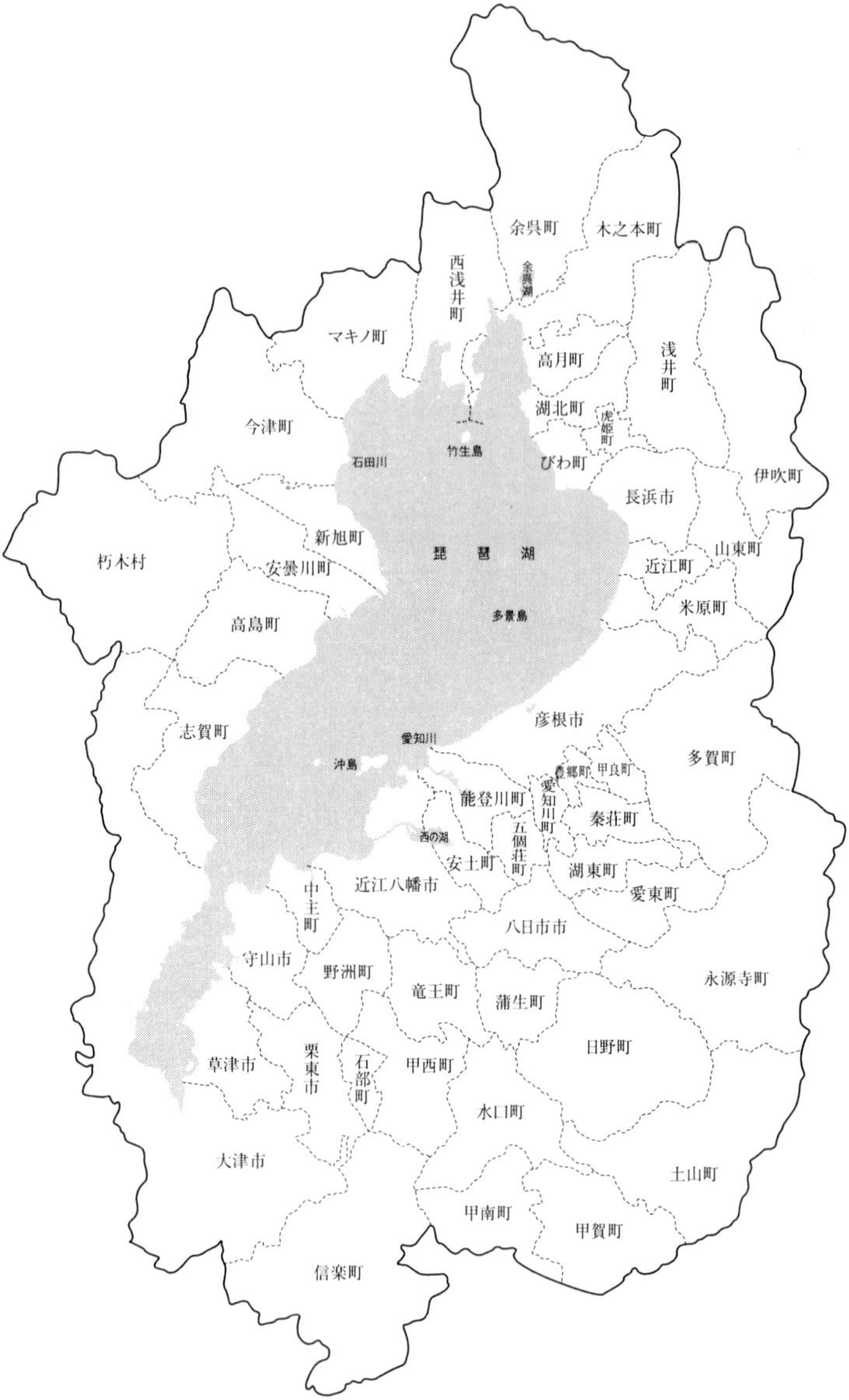
余呉町
木之本町
西浅井町
余呉湖
マキノ町
高月町
浅井町
湖北町
虎姫町
今津町
竹生島
石田川
びわ町
伊吹町
長浜市
新旭町
琵琶湖
山東町
朽木村
安曇川町
近江町
米原町
多景島
高島町
彦根市
志賀町
愛知川
多賀町
沖島
豊郷町
甲良町
愛知川町
能登川町
秦荘町
西の湖
五個荘町
安土町
湖東町
近江八幡市
愛東町
中主町
八日市市
守山市
野洲町
永源寺町
竜王町
蒲生町
日野町
草津市
栗東市
石部町
甲西町
水口町
大津市
土山町
甲南町
甲賀町
信楽町

平成大合併前の市町村

第一章　大宝神社の日本一の木造狛犬

日本一の木造狛犬

近江に、木造の陣内狛犬としては日本一と言ってもいい素晴らしい狛犬がいることをご存じだろうか。

所は栗東市綣《へそ》七丁目に鎮座する**大宝《だいほう》神社**。式内社（平安時代の『延喜式』に記載された神社）ではないが、大宝元年（七〇一）に創設されたとの社伝をもつ古社である。主祭神の素盞鳴命《すさのおのみこと》の御利益は絶大で、帰依した者は疫病の難から救われるとの評判が立ち、氏子となる村が増加、文化三年（一八〇六）には氏子村が「五十余村ニ至ル」（『栗太郡志』）というほどの信仰を集めた。

旧中山道沿いに位置していて、享保元年（一七一六）寄進と伝わる四脚門も立派である。九千坪以上もある社地はゆったりとしていて、境内に厳かな雰囲気が漂う。

同社の木造狛犬は鎌倉時代初期の作とされ、明治三三年（一九〇〇）に国宝に指定されたが、現在は国の重要文化財である（カバー裏参照）。戦前の国宝保存法等では重要文化財との区別はなく全て国宝であった（現在の国宝と区別するため「旧国宝」と呼ばれている）。敗戦後の昭和二五年（一九五〇）に文化財保護法が施行され、旧国宝は全て重要文化財とされた。その中から、「世界文化の見地から価値の高いもの」があらためて国宝に指定されたという経緯がある。だから、大宝神社の木造狛犬が現在重要文化財であるのは、決して「格下げ」されたものではなく、その重要性は一貫して変わっていない。

私はこの狛犬の写真を見た時、流れる線の雄々しく美しい姿に驚嘆してしまった。引き締まった細身の身体に漲《みなぎ》る緊張感。今まで見たことのない狛犬像だった。その時から長年恋い焦がれていたのだが、平成二六年（二〇一四）、MIHO　MUSEUM（甲賀市）で開かれた秋季特別展「獅子と狛犬―神獣が来たはるかな道―」でようやく実物を拝見することが出来た。入館して一目散に会いに行ったが、「息をのむ」とはまさにこのことで、像の前から動けなくなってしまった。

現在は京都国立博物館に寄託されている。同館編『狛犬』には次のように書かれている。

俊敏な細身の体つきで、獅子の動きに応じて豊かなたてがみが細かく震えるかのようである。奈良様の獅子にもとづきながら、なお動きの激しい野性味を表現した鎌倉時代初めの名品である。

多分伊東史朗先生が書かれたのだと推察するが、さすがにツボを押さえた文章である。

陣内狛犬と参道狛犬

大宝神社の狛犬を鑑賞する前に、「木造の陣内狛犬で日本一」と限定したことから説明していきたい。

狛犬は大きく分けて、陣内狛犬と参道狛犬とに二分できる。参道狛犬は、参道や社殿の前にいる狛犬で、我々には馴染み深い存在である。一方、陣内狛犬は、神殿内や階段上の廊下部分(廻縁)に置かれた狛犬である。ただし、参道に置かれていた狛犬が、何らかの理由で建物内へ移動することはある。参道狛犬が陣内狛犬に変わるわけだ。反対に陣内狛犬がそのまま参道狛犬になることはまずない。陣内狛犬は木造が多いので露座では耐えられないからだ。なお、陣内用の小型の狛犬をモデルにして、後に参道用の狛犬が創られることはある(大宝神社の狛犬もこれにあたる)。おおざっぱな結論を言えば、陣内狛犬と参道狛犬の違いは、設置された位置が建物内であるか、建物外であるかである。

参道狛犬が境内のどこに設置されているかが気になる人もいるようだ。入口の鳥居前にいる狛犬と拝殿前にいる狛犬とは何が違うのかの問題である。鳥居前と拝殿前のどちらに多く狛犬が設置されているかは地域性がある。それ以上に問題なのは、狛犬が移動することも少なくないということだ。骨董市で見つけた伏見稲荷大社（京都市伏見区）の古い絵はがきには、表参道に立派な狛犬が置かれていた。現在は少し奥まった目立たない場所に移動していて、拝殿近くには狐さんの像がいる。だから設置場所については陣内か参道かの区別だけで充分だと思われる。

さて、当たり前だが、獅子はライオンである。百獣の王であるから「師子」という漢字も当てられた。この獅子像は仏教と共に大陸や朝鮮半島を通って我が国にやってきたようで、古くは奈良の法隆寺の五重塔にも見られる。塔の最下段に釈尊の涅槃を描いた立体像があり、釈尊の前で一対のライオンが悲しげに座っている。動物界の代表として釈尊の涅槃を嘆いているのである。また、正倉院御物の名品「紫壇金鈿柄香炉《しだんきんでんのえごうろ》」にも小さなライオン像が見られる。

有名なところでは、天平勝宝四年（七五二）に行われた奈良東大寺大仏（盧舎那仏像《るしゃなぶつぞう》）の開眼供養会で獅子が舞っている（獅子舞そのものの伝来は六一二年とも）。この獅子、自由勝手で気ままで粗暴でわがままで周りの人々を困らせる。褒めたり叱ったり、餌を与えたり酒を飲ませたりするが、一向効き目がない。そこで釈尊の御教えを聞かせると、その素晴らしさに感動し、仏教に帰依しおとなしくなった、との大仏開眼にふさわしい内容だったと伝わっている。クライマックスでは、獅子は口を大きく開け、随喜の涙を流したかどうかは分からないが、吼《ほ》えて喜びを表す。この姿を「獅子吼《しく》」と言う。そこから、「獅子吼」は、「仏が説教するのを、獅子が吼(ほ)えて百獣を恐れさせる威力にたとえていう語。真理・正道を説いて発揚すること」(『広辞苑』)との意味になる。

阿形の獅子が口を開けているのは、もともとは獅子吼の姿であった。神戸や横浜の中華街へいくと、中国の天安門広場(北京市)にいる巨大な獅子像と同様式の像が店先などで多く見られるが、全て阿形になっている。中国を旅行すると、結構単体も多い。一対であっても阿形と阿形との取り合わせばかりである。日本のように阿形と吽形で一対となっている獅子像はあまり見かけない。古いお寺の前などにいることもあるが、極々少数派でしかない。

ライオン像＝獅子像が日本に伝わり、『枕草子』で見たように宮中にも入った。多くは神社や寺院に取り入れられたが、当時はすべて建物内であり、陣内狛犬であった。春日大社(奈良市)の銅製の狛犬(国宝・平安時代後期)も陣内用である。鳥獣戯画で知られる高山寺(京都市右京区栂尾)には国の重要文化財に指定されている鎌倉時代作の狛犬像が四対もいるが、すべて陣内用である。

狛犬が参道に登場するのはもっと後の時代になる。室町後期から見られるとも言われるが、あまり残っていない。参道への狛犬寄進が大衆化するのは江戸時代以降でしかない。

なるなどとは夢にも思わなかったはずである。

だから、参道狛犬というのは極めて新しい存在である。清少納言も紫式部も吉田兼好も藤原定家も、獅子像といえば建物の中にいるものと認識していたのであり、神社の参道にいるなどとは夢にも思わなかったはずである。

獅子と狛犬

「獅子」「ライオン」「狛犬」と、言葉が錯綜《さくそう》するために混乱された方も多いと思うので、このあたりで用語の整理をしておく。

獅子と狛犬とは何が違うのか。いろいろな意見があって、というより、当時は明確に定義した書物になかなか出会わず、最初はかなり混乱させられた。結論的に言えば、平安末期成立の『類聚雑要抄《るいじゅうぞうようしょう》』の次の記述が重要な参考になった。

左獅子　於色黄　開口
右胡摩犬　於色白　不開口　在角

つまり、

左(向かって右)が獅子……黄色　阿形　(角がない)
右(向かって左)が狛犬……白色　吽形　角がある

とある。「獅子は阿形」「狛犬(胡摩犬)は吽形」というのは、「獅子は阿形の姿で表す」「狛犬は吽形の姿で表す」という意味であろうが、だからといって「阿形の姿は獅子」「吽形の姿は狛犬」とは言えない。「逆必ずしも真ならず」である。先に見たように、口の開閉だけで獅子と狛犬を区別するのには無理がある。

黄色と白色の着色についても同じことが言えよう。木造狛犬の場合の着色はよく見られる。近年では金色と銀色で一対となっている陣内狛犬が多いようだ。ただ、色にも流行があるようで、これも決め手にならない。参道狛犬は石造が多いので、先ず着色はしない。ただ、何事にも例外はある。ある神社で全身を朱色に塗った石造狛犬に出会ったことがある。それも狛犬の材が目の粗い砂岩であり、塗装表面の凸凹を隠すために分厚く塗っていた。ごてごてした印象で、いただけるものではなかった。

獅子と狛犬の違いの重大ポイントは「角が有るか、角が無いか」である。角のある像が狛犬であり、角のない像が獅子だ。獅子はライオンであり、角がなくて当然である。

こんな単純なことがなぜ混乱してきたのか。それは、「狛犬」という用語に今一つ別の用法があったからだ。「あの狛犬はいいねぇ」と言った時、左右どちらかの一体ではなく、一対を指していることは明白である。『広辞苑』の「狛犬」の項目の説明は一対の用法部分だけを解説していたのだ。

整理をすると、「狛犬」という語には、

狛犬（広義）＝一対になっている二体の総称
狛犬（狭義）＝一対になっている二体の内、角のある像を指す。

ということだ。それが理解されず、あるいは狭義の用法が無視されて一般に使われてきたので混乱してきたのだ。かくして

有角の一体の狛犬像と、無角の一体の獅子像との一対を総称して狛犬というという結論になるはずだ。だが、現実は、そうすんなりはいかない。実際には
①有角の一体の狛犬像と、無角の一体の獅子像との一対を総称して狛犬という
②無角の一体の獅子像と、無角の一体の獅子像との一対を総称して狛犬という
③有角の一体の狛犬像と、有角の一体の狛犬像との一対を総称して狛犬という
との三パターンが存在する。ただし、左右の設置位置を考慮すれば、①は二つに分かれるので、四パターンとなる。この例外はない。ただ、少しややこしくなるが、歴史的にはまたまたそうすんなりはいかない。

吉田兼好（一二八三年頃～一三五二年以降）の『徒然草』は有名である。その二三六段「丹波に出雲といふ所あり」に狛犬が出てきて、国語の教科書にもよく採り上げられた。詳しくは拙著『狛犬学事始』をお読み頂きたいのだが、まずは簡単に粗筋を紹介する。

京の聖海上人《しょうかい》が、何人かの知人を連れて丹波の出雲の社（出雲大神宮・現亀岡市）へ参拝

に出かけていく。神社に到着して社前を見ると、獅子と狛犬とが背中合わせに置いてある。「これには何か深い意味があるに違いない」と感動した上人は神官を呼びに行き、理由を尋ねる。やってきた年老いた神官が「子どものいたずらですよ」と言ってすぐさま据え直していったので、上人の感涙は無駄になってしまったという話である。

前著では、この獅子・狛犬は、参道狛犬ではなく、廻縁に置かれた木造の陣内狛犬であると指摘した。かつては、この段落を載せた中学校用教科書に石造狛犬の挿絵を載せたものもあった。今でも、「石や金属で造った獣の像」との注釈を載せている高等学校用の古典の教科書が一部にある。木造狛犬を載せないのは参道狛犬と勘違いしているからであろう。ご丁寧にわざわざ「神殿の前に置かれた」という注釈付きの教科書もあった。そこで「石造の参道狛犬を年寄りの神官が簡単に据え直せるはずがない。嘘と思うならいっぺん試してみろ！」と挑戦的になじったのである。

ところが、執筆時には大切なことに気づいていなかったことに後から気づいた。

本文に「御前なる獅子、狛犬、背きて後ろさまに立ちたりければ」とあるので、上人は「有角の狛犬と無角の獅子の一対」であることを意識していたことが分かる。私が読み落としていたのは、神官を呼びに行き、上人が質問する場面である。「この御社《みやしろ》の獅子の立てられやう、定めて習ひあることに侍《はべ》らん。ちと承らばや」と言っている。我々ならば、

「この神社の狛犬の据え方にはきっと深い意味があるのでしょう。理由をお聞かせ頂きたいものです」と言うはずだ。なぜなら、獅子・狛犬一対の総称が「狛犬」だからだ。ところが、上人は「獅子」という言葉を使っている。となると、聖海上人にとって二体一対の総称は「獅子」ということになる。

同時代の他の文献で一対の総称を「狛犬」としている例もあるので、かつては一対の総称を「獅子」や「狛犬」で表していたことが分かる。現在では獅子像と獅子像の一対でさえ総称が「狛犬」に統一されているということは、歴史的にどこかで変化したとしか考えられない。多分、参道狛犬が一般化する江戸時代あたりに総称としての「狛犬」が定着したのではないかと推察している。

獅子舞の獅子頭は角のない獅子が多いが、中には角のある狛犬もいる。だが、狛犬が舞っていても「狛犬舞」と呼ばずに「獅子舞」と呼んでいる。これは、一対の総称を「獅子」と呼んだ古風な言い方が生き延びているからではないだろうか。

大宝神社の狛犬は「獅子と獅子」

やっと大宝神社の狛犬（一対の総称の意味で使用、以下は文意で判断できにくい時のみ修飾語で区別できるように表現する）に戻る。

私は大宝神社の狛犬が日本一素晴らしい木造狛犬だと思っている。ただ、美意識には個人差と主観性がつきものなので、私だけの独断ではないことも紹介して傍証とする。

先の京都国立博物館の『狛犬』だけではなく、『栗東の歴史　第四巻』（栗東町史編さん委員会）もこの狛犬の素晴らしさを具体的に述べている。的確な表現の文章なので以下に引用する。

州浜坐《すはまざ》に蹲踞《そんきょ》する阿吽一対の狛犬で、像高五〇チセンに満たない小像とは思えないほどの迫力がある。口を大きく開いて怒号する阿形は金箔押しとし、たてがみと尾は緑青で彩られる。口を閉じて上歯列を剥《む》き出す吽形は銀箔押しで、たてがみと尾は群青彩としている。阿形は右前肢を少し前に踏み出し、頭部をやや左に向けるのに対し、吽形は左前肢を出し、頭部を右方に振る。耳も阿形は垂れているのに対して、吽形の方はぴんと立てている等、二躯の像容に対照的な変化を付け、しかも一対の像としての調和を破らない点は見事である。

そして、「野獣を表現した美術作品として、これほど秀逸な表現はまれである。日本美術史における動物彫刻の代表作ということができよう」とまとめている。文中の「野獣」という言葉には少し引っかかるが、それ以外の点では全く同感である。

県内にある国の重要文化財の狛犬は全て陣内狛犬である。**若松神社**（大津市大江・平安時代作）や**白髭神社**（長浜市湖北町今西・鎌倉時代作）の狛犬もいい出来だが、有名なのは**御上《みかみ》神社**（野洲市三上）の木造狛犬であろう。平安時代後期の作とされ、大きい方（阿形）の像高が六九㎝と、大宝神社のそれ（阿形像四七㎝）より二〇㎝以上も大きい。憎めない顔立ちで、素朴な味わいがある。いい意味で無骨で古風な像である。これはこれでえも言われぬ味があって私も気に入っているのだが、「洗練された躍動感」という点では大宝神社の狛犬に遠く及ばない。

面白いのは、この御上神社の狛犬の頭である。右（向かって右、以降、特に断らない限りこの意味で使用する。「左」も同じ）の像には角がないので獅子像と分かる。左の像にも角がないが、よく見ると額の上の部分に削られた跡がある。元は「獅子・狛犬」（以降、向かって右の像・左の像の順で記述）であったものを無理矢理「獅子・獅子」にしてしまったのだ。加賀一の宮・白山比咩《しらやまひめ》神社（石川県白山市）にも、国の重要文化財で、像高も約八七㎝（吽形）と大きく、獰猛《どうもう》さを感じさせるほど野性味豊かな木造狛犬がいる。この像にも吽形の額の上に角を削ぎ取った跡が残っていて、元は狛犬であったことが分かる。

一方、大宝神社に今一対いる別の陣内狛犬（現在は栗東歴史民俗博物館に寄託）は、元亨《げんこう》年間（一三二一〜二四）の作で、これも像高が九〇㎝（吽形）ほどある立派なものだが、吽形には後でつけたような角がある。最初から角をはめ込む予定だったのか、獅子に無理矢理角を付けて狛犬にしたのかは分からない。いずれにせよ、角をつけたり、削ったり、つまり、獅子を狛犬に変えたり、狛犬を獅子に変えたりが行われていたのだ。なぜそうしたかの理由については、残念ながらうまく説明できない。

大宝神社の重文の狛犬は、阿形はもちろん吽形にも角や削ぎ跡がない。もともと「獅子・獅子」の形式で作られたのであろう。この「獅子・獅子」の形式は、「獅子・狛犬」の形式より古い。なぜなら、日本に渡来したのは獅子像のみであり、「有角の狛犬」は平安時代に日本で創られた霊獣だからである。「有角の狛犬は日本で創られた?」「狛犬は高麗犬とも書くし、当然大陸から伝わってきた像ではないのか?」と疑問に思われた方は鋭い感性をお持ちである。角については現在も様々な議論があるが、「狛」という字面に我々はいかに長い間悪しき影響を受けてきたのか、これについてはまた後に触れることにする。

大宝神社狛犬モデル、全国に広がる

敗戦後の日本は、「民主主義」を理想とし、戦前の国家神道を全面否定するところから出発した。一時は、「神道＝悪」とするような風潮さえあった。特に、私のような団塊の世代は、学校教育を初めとしてあらゆる場面で神道に覆《おお》いを掛けられ、見ないように、考えないようにして育てられてきた印象がある。社会的にタブーだったのだ。

年を経て神道や民俗学を学ぶ中で、その重要性に気付かされてきた。戦前の国家神道は日本に不幸をもたらせたとされる。それは否定しないが、私は、国家神道は神道そのものにも不幸をもたらせたと考えている。日本人の心の奥に流れる思想は、本来の神道の考え方を理解することなしには語れないのではないかとさえ思っている。ある神主さんが「やっと最近参拝者が戻ってきてくれた」と仰ったように、日本全体に神道への再評価がようやく進んできていることを好ましいと感じている。

さて、戦前の国家神道の時代、政府は全国の神社の管理を強化していった。神道の中心となる神宮（伊勢神宮の正式名称。「伊勢神宮」は一種の俗称である）は別格であり、その他の神社全てに「社格」というランク付けをしていった（「近代社格制度」）。具体的には、官幣大社・国幣大社・官幣中社・国幣中社・官幣小社・国幣小社・別格官幣社・府県社・郷社・村社などであり、不思議なことに、それ以外は「無格社」という「社格」が与えられた。現在でも神社の入り口に立つ社標石に「郷社」などの文字が残っている所も少なくない。上から塗りつぶしてあるのは、戦後すぐの「進駐軍対策」と噂されている。

当時の政府（内務省）は、官国幣社の木彫狛犬の基準として次のように定めている。

獅子は、開口して金箔を押し、毛髪には緑青を塗り、金の毛描を施し、狛犬は閉口して銀箔を押し、毛髪には群青を塗り、銀の毛描を施す。何れも州浜型の台に据う。この文章を翻訳すれば、要するに「大宝神社の木造狛犬に倣《なら》いなさい」ということである。大宝神社の木造狛犬を「日本一素晴らしい」と思う人々が多々いたからこそ、こういう指導が出来たのであろう。

大宝神社の狛犬をモデルとして、参道用の狛犬が造られるようになる。良質の御影石が産出する愛知県岡崎市は、石造狛犬の生産地として名高い。岡崎の石工たちは、この「大宝狛犬モデル」の参道狛犬を造り、「岡崎狛犬古代式」と名づけた。私もそれを尊重して「古代式狛犬」（「式」を省略することも多い。他も同じ）と呼んでいる。

大宝神社の木造狛犬は、古代式狛犬という石造参道狛犬に姿を変え、全国各地に設置されていくようになる。数はそう多くはないが、北海道の函館八幡宮（函館市・一一八cm＝一対のうちの大きい方の体長。体長とは台座からその狛犬の一番高い所までの長さ。以下同じ）、東京都の氷川神社（港区・一〇二cm）、京都市の今宮神社（北区・一一七cm）、大阪護國神社（住之江区・八九cm）、愛媛県の愛媛縣護國神社（松山市・一一四cm）、福岡市の福岡縣護國神社（中央区・八五cm）等々、古代式狛犬は全国のそうそうたる神社の参道で今も蹲踞している。また、私が今までに出会った中で最も大きい古代式狛犬は、諏訪大社上社本宮（長野県諏訪市）にいて、体長は一六五cmもあった。台座を入れた全長は三三四cmである。

堂々としていて、体長を測るのに苦労するほどの立派な狛犬であった。

近江の参道には二〇対の古代式狛犬

陣内狛犬だった大宝神社の狛犬が、内務省の支援を受けて、各地の参道狛犬のモデルになった。この古代式狛犬の見分け方は、次の写真を脳裏に刻んで頂くことが基本だが、実は単純な見分けポイントがある。顎の下を見て頂きたい。左右に分かれたあごひげの真ん中に小さな鈴が見える。鈴をつけるのは中国の獅子像の影響である。ただ、中国の獅子像はだらりとした太い首飾りをして、そこに鈴や瓔珞《ようらく》といった飾りをぶら下げているのが圧倒的に多いのに対して、古代式は顎下の鈴（「首鈴」と呼んでいる）一つである。これさえ見つければ、まず間違いない。

参道の古代式狛犬を紹介する前に、今ひとつご理解頂きたいことがある。それは各狛犬の命名である。神社に一対しかいなければ問題ないが、二対以上いたらどう区別するかの問題である。

私は、表参道にいて神殿・拝殿に一番近い狛犬を「神社名+a」で表現している。表参道の次は脇参道、最後に境内の摂末社の前の順で、それぞれをb、c、d、e~と名づけている。今まで調査した神社の中で最も狛犬が多かったのが大阪府和泉市の春日神社の

春日神社の古代式狛犬

一五対だから、この方法で充分間に合う。

県内には古代式狛犬が二〇対いる。最も大きいのは**滋賀縣護國神社**a（彦根市尾末町）で、体長が一二〇cmもある。獅子・獅子型であり、首鈴も付いていて、両方とも雄である。ただ、寄進年が書かれていない。同社は戊辰戦争で戦死した藩士の霊を祀る招魂碑に始まる。明治九年（一八七六）に招魂社となり、昭和一四年（一九三九）に滋賀縣護國神社に改称、その頃に寄進された可能性が高い。一方、最も小さいのが**春日神社**a（大津市石山内畑町）と**湯谷神社**b（米原市米原）の狛犬で、ともに五六cmである。前者は昭和三五年（一九六〇）の寄進、後者は昭和三一年（一九五六）の寄進である。

古代式狛犬の中で最も設置が古いのは、大津市坂本に鎮座する**大将軍神社**aで大正一〇年（一九二一）の寄進である。他の兄弟達と比べてちょっと太めで貫禄がある。最古の狛犬が大正一〇年だから、古代式狛犬はそう古いものではない。

二〇対の内、戦前の寄進が五対、戦後の設置が一三対、不明が二対である。「設置年がなぜ分かるのか?」と思われる方もおられるだろうから種明かしをすると、全て台座に書かれていたからである。たまに新しい狛犬が古い狛犬の台座に交代して設置されている場合もあるが、それは見抜かなければならない。また、書かれていないこともある。慣れてくると狛犬を見るだけでそれらの設置年代もほぼ推定できるようになるが、正確を期すために「寄進年不明」として扱っている。

台座には、設置した年月日、寄進した人の名前か団体名がほぼ書かれている。少ないが、設置理由が書かれていることもある。ただ、石工名が書かれていることは極少ない。

狛犬調査にとって、台座は重要な情報源である。

湯次神社の古代式男八兄弟

特筆すべきなのは長浜市大路町に鎮座する式内社**湯次神社**である。緑豊かな鎮守の森に囲まれた境内にいる狛犬五対中四対までもが古代式狛犬である。これら古代式狛犬四対八兄弟のデータを紹介しよう。

湯次神社aは表参道に設置されているが、同社b~同社dはそれぞれ境内の天満宮・熊野宮・大国主神社の祠の前に設置されていた。少彦名神社の祠の前に設置されていた同社eだけが、後で述べる岡崎狛犬現代式と呼ばれる狛犬で、別の種類である。

湯次神社古代式狛犬データ

狛犬名	湯次神社 a	湯次神社 b	湯次神社 c	湯次神社 d
寄進年月	昭和14年４月 (1939)	昭和60年１月 (1985)	昭和62年１月 (1987)	昭和64年１月 (1989)
口の開閉	阿形・吽形	阿形・吽形	阿形・吽形	阿形・吽形
獅子狛犬の別	獅子・獅子	獅子・獅子	獅子・獅子	獅子・獅子
体　長	78cm・79cm	61cm・61cm	61cm・60cm	59cm・59cm
全　長	201cm・207cm	184cm・183cm	179cm・181cm	184cm・185cm
食　性	雑食・雑食	雑食・雑食	雑食・雑食	雑食・雑食
性　別	雄・雄	雄・雄	雄・雄	雄・雄
首　鈴	首鈴・首鈴	首鈴・首鈴	首鈴・首鈴	首鈴・首鈴

この表を見てお分かりのように、古代式狛犬は「阿形・吽形」「獅子・獅子」「雑食・雑食」「雄・雄」「首鈴・首鈴」の様式がきっちり守られている。なお「雑食」とは、歯が犬歯と臼歯から出来ているので、彼の食生活が雑食性であるということである。もちろん、犬歯だけなら肉食性ということになる。

同社ａは戦前の寄進で、名古屋市の磯山氏が奉納されている。台座には戦争中らしく「武運長久」とあり、当地出身の磯山氏が出征記念に奉納された。同社ｂは一〇名、同社ｃは九名、同社ｄは九名の名前が寄進者として刻まれていた。多分、この地域の同年生まれの会の方々が、還暦か初老記念で奉納されたのだろう。二年ごとに設置されていることから、次の年の同年会の方と一緒になって寄進されたと推測出来る。このような同年会による寄進の仕方は近江の狛犬の特徴であり、地域の人々の同年意識の強さが感じられる。ちなみに、同社ｅは昭和

湯次神社ａの古代式狛犬

四九年(一九七四)の設置で、こちらも一一名の名前が刻まれていた。

注目すべきは四対とも全て雄であることだ。一般には「狛犬は雄と雌とで一対」と信じられているようだ。そして、「阿形は口を開いてよく喋るから女、吽形は普段は黙っていて三年に一度のかたほおの男」という、現在ではセクハラとして絶対本にも書けないような偏見的理由付けが知られている。しかし、古代式は阿吽とも雄なのだ。

雄・雌はどこで分かるのか。はっきりしているのは性器表現である。江戸時代の狛犬には雄の性器表現は少なくないが、文明開化以降、「外国人に恥ずかしい」と激減することになる。雌の性器表現は雄に比べて圧倒的に少ないが、古い狛犬には一定表現されている。関東で時折「子獅子に授乳する狛犬像」を見かけるが、これも雌と判断できる。それ以外は全て「不明」としか言えない。

氏子の願いの最大公約数は「子孫繁栄・五穀豊穣」であろう。そのための性器表現は民俗学では重要とされてきたし、各地の民俗行事でも多く見られてきたが、近年では「いやらしい」「下品だ」「恥ずかしい」などという偏見のために消えつつある。その中で、雄・雄の形式を保っている古代式狛犬には民俗的な価値もあると言えよう。他の古代式狛犬も、一部の不鮮明なものを除いて、殆どが雄・雄である。

古い木造狛犬は、先の御上神社のように、獅子・狛犬の組み合わせが多い。そして、両方が雄であることが少なくない。実は、これには非常に大きな意味がある。

キリンには雄・雌ともに五本の角がある。鹿は雄に角があるが、雌にはない。ライオンには雄・雌ともに角がない。つまり、角の有無で雌雄の区別が出来る動物と、そうではない動物とがいる。ところが、当たり前のことだが、雄雌と角の有無の関係は種族毎で決まっている。角のある雌鹿と角のない雌鹿が共存するなんてことはあり得ない。とすれば、狛犬の古い形式に、無角の獅子と有角の狛犬がともに雄という組み合わせが少なくないとすれば何を意味するか。答えは簡単で、獅子と狛犬とが別の種であることを表している。「阿形が雌で吽形が雄」という考えには、獅子と狛犬が同種族であるとの前提がある。それこそ「俗説」で、本来は獅子と狛犬とは別の種類の動物と考えるべきであろう。

その他の古代式狛犬

終戦前に寄進されたことが台座から分かるのは、先の大将軍神社a、湯次神社aのほか三対いる。何れも戦中の寄進で、昭和一五年（一九四〇）には体長八六㎝の古代式狛犬**八木浜神社**a（長浜市八木浜町）が寄進される。台座には「皇威顕揚　陸軍大将 畑俊六」の名前が見える。翌年八月には**白山神社**a（米原市藤川）が寄進され、寄進者として「支那事変出征帰還者」藤居傳吉はじめ一六名の名前が刻まれている。この年の末に太平洋戦争が勃発する。そして、昭和一八年（一九四三）五月に**立木神社**e（草津市草津）が奉納される。同年四月には山本五十六連合艦隊司令長官が米軍に撃墜され、一〇月には大雨の明治神宮外苑競技場で学徒出陣壮行会が行われた。地元の大正三年生まれの方々三〇名が、書かれてはいないが武運長久の願いを込めてを兼ねて奉納されたのであろう。

長等神社a（大津市三井寺町）は寄進年不明だが、青銅製の狛犬である。**高宮神社**c（彦根市高宮町）は昭和三九年（一九六四）の寄進で、彫りが深くいい表情が出ている。田中石材店の作品である。昭和四五年（一九七〇）寄進の**八坂神社**a（米原市藤川）は「岡崎市花崗町10　磯部石材店」のプレートが台座に貼ってあった。愛知県岡崎市の石工がきれいな白い御影石に彫っている。

昭和五三年（一九七八）には、**長濱八幡宮**a（長浜市宮前町）が、市内在住の平山夫婦の名前で「金婚記念」で奉納されるなど、寄進理由もほほえましい内容となってくる。また、その三年後に奉納された**吉地神社**a（野洲市吉地）は彫りもよく、吽形の耳が鋭く立っていて緊張感が感じられる。**八木神社**ａ（愛荘町宮後）は昭和五八年（一九八三）の寄進で、地元出身で大阪在住の二人による奉納。台座に「神恩感謝喜天地平安」とある。このような「故郷に錦を飾る」的な狛犬も少なくない。京の石工「澤吉」の作と刻まれていた。

昭和六一年（一九八六）には、**市神神社**ａ（東近江市八日市本町）が寄進される。台座の下の石が六角柱になっているのが珍しい。翌年には**大将軍神社**ａ（守山市古高町）が、氏子で同年生まれの一三名が厄除記念で寄進している。

古代式狛犬は平成の時代になっても、**八幡神社**（野洲市野田）、**海津《かいづ》天神社**（高島市マキノ町海津）などに奉納されてきた。**沙沙貴神社**（近江八幡市安土町常楽寺）には二対も奉納されている。今後も地道に奉納されていくことであろう。なお、本家本元の大宝神社の境内には五対の参道狛犬がいるが、同社ｃ（昭和六三年〈一九八八〉寄進）のみが古代式狛犬に似ている。しかし、大事な首鈴が彫られていない。残念ながら古代式とは言い切れないので、「古代（式）系狛犬」としている。

古代式狛犬で一番のお薦めは**比婆神社**ａ（彦根市男鬼《おおり》町）である。典型的な古代式で、比婆敬神講中による寄進。境内の入口の駒札に

　此処を遙に仰げば、森厳極りなき護持ケ谷の聖地たり。この地古昔より比婆の山と称し、山頂に岩窟あり、比婆大神と称え奉り、伊邪那美大神を祀る。

とある。この「岩窟」が石灰岩の壁であり、かつての鍾乳洞が崩れて白い岩壁がむき出しになったのであろう。緑豊かな山中にあってここだけが白の世界である。その前に建つ神明造りの社殿には威厳がある。道に迷って登ってきて、突然山中他界に辿り着いたような不思議な気分になる。神霊や木霊たちに包まれた別天地である。ただ、問題はアクセスが大変なことだ。国道八号線を北に進み、近江鉄道鳥居本駅手前の道端に「比婆神社8㎞」と書いた案内板があり、それに従って行けばいいのだが、車一台がぎりぎり通れる山道である。何度も急カーブを曲がったり、雑草に覆われた廃村の家屋を見たりしながら進む。「対向車が来ませんように」と念じながら緊張感を持続させなければならないドライブである。運転に自信のない人はやめておいた方がいいし、冬場は雪で大変であろう。ただ、それだけの苦労があるからこそ、簡単にいけるパワースポットにはない雰囲気がある。自然の精霊と心を通わせたような爽快感に満たされ、原始の魂を体感できる「聖地」である。

南大門式狛犬

古代式狛犬と同じように、古い陣内狛犬をモデルにしている狛犬を紹介する。

奈良の大仏殿の南大門には、運慶・快慶らによって建仁三年（一二〇三）に造られた有名な仁王像（金剛力士像）がいることはご存じの通りである。その裏側（北側）にひっそりと石造狛犬がいる。建久七年（一一九六）に、宋の石工を呼んできて中国南部の石で彫らせたもので、大きい方は一八〇cmもある。製作年代が明確な狛犬としては日本最古である。中国人による中国式の狛犬像であるから、獅子と獅子で一対であり、双方とも獅子吼の姿をしている。最初から門内に置かれる目的で造られたのかどうかは分からないが、少なくとも参道狛犬ではなかったはずだ。

ある時、この仁王像の前でバスガイドの制服を着た一群と出会ったことがある。先頭で旗を持つのは初老の方であった。彼女たちの研修のようで、ガイドさんたちが聞き役になっている珍しい風景を楽しく見ていた。初老の方は、仁王像の説明を丁寧にされたのは良かったのだが、そのあと、「次行きますよ」と北側に周り、「ここに狛犬がいるやろ。阿吽やで。よう見ときや」と言いながら歩いていったのには、まさに開いた口がふさがらなかった。「あんたこそよう見ときや。どこが吽やねん！」と小さく毒舌を吐きながら、先入観の恐ろしさを改めて感じた次第であった。

この南大門の狛犬を模した参道狛犬を「南大門式狛犬」と呼んでいる。清水寺（京都市東山区）の入口、清水坂を登り切った所にいる狛犬がよく知られている。

近江にも二対いる。一対は**大澤八幡社**a（甲賀市甲南町野田）で、大正六年（一九一七）五月の

大澤八幡社の南大門式狛犬

寄進。八幡さんの参道に相応しく、台座には鳩と唐草の模様が描かれている。今一対は、**稲荷神社**a（野洲市喜合《きごう》）で、台座の花崗岩が粗く寄進年が読みとれなかったが、昭和も戦前の寄進であろう。これらの二対は、体長が五三㎝、五四㎝と少し小柄である。阿形・阿形、獅子・獅子の形式で、首輪を大きく垂らし、鈴や瓔珞をさげているのは、南大門の狛犬と同じである。面白いのは歯である。前者の右の像が二四本、左の像が二二本あり、いずれも臼歯である。後者の歯は未分化でひとまとまりになっているが、犬歯はないようである（石で薄い門歯を彫るのは壊れやすいので、狛犬に門歯らしい歯はまずない）。ここから両方とも草食動物であることが分かる。もともとライオンは中国にいなかったので、誤解をしたのだろうか。中国系の狛犬を見られたら①獅子・獅子の様式か　②阿形・阿形の様式か　③首輪や鈴はあるか、に続いて、④歯は臼歯だらけか、というのも重要な観察ポイントである。

狛犬と神馬と狐や牛たち

神社の境内にいる動物像は、狛犬と神馬《しんめ》と狐やその他の動物との三種類に分けられる。狛犬は聖地を守る役割であり、俗に言うなら「門番」の役割をしている。その役割から考えれば、寺院にもっといていいはずである。ところが神社専用のようになってしまったのはなぜだろうか。それを考えるヒントが先の南大門の狛犬である。狛犬は仁王像が完成する七年前からいたのだ。その時にも南大門にいたと仮定すると、彼が境内を見張っていたはずだ。ところが仁王像が完成すると後輩に門番の役目を譲り、以来八百余年間、バスガイド指導員にも無視されながらひっそりと裏側で座り続けてきたのだろう。

寺院には「門番」として仁王像がいる所が少なくない。狛犬が参道に出てきた時には、その役割がだぶってしまうので、神社に広まったのではないだろうか。

狛犬の役割から考えれば、どこの神社に設置されても問題はない。また、神馬は神様の乗り物でり、これもどこの神社に設置されてもおかしくない。しかし、狐の像は稲荷系の神社にしか設置されない。鹿の像が春日関係の神社に、鳩の像が八幡関係の神社に、猿の像が日吉関係の神社に、牛の像が天満宮関係の神社にのみ設置されるのと同じである。これらの狐・鹿・鳩・猿・牛などは、それぞれの神様のお使い・お使わしもの（「神使《しんし》」という）であるから、特定の神社（祭神）と特別の関係を持っている。

だから、神使と狛犬と神馬とは別々の役割であり、同一視するのはいただけない。ところが、最近「狛狐」「狛牛」「狛鹿」等という表現が多く使われ出している。本来なら「神狐」「神牛」「神鹿」と言うべきであろう。鼠は大黒様の神使であり、大豊神社（京都市左京区）の大國社の前にいる阿吽の鼠像が有名である。同社は「こまねずみ社」と呼ばれるぐらい人気があるが、私には違和感がある。コマネズミと聞けば、忙しく動き回る大店《おおだな》の奉公人しか思い浮かばない。

神社には多くの動物像がいる。「なぜ境内でニワトリが歩き回っているのだろうか」「天神さんの牛はなぜ臥して神殿の方を見ているのだろうか」などと考えるのも、神社巡りの楽しみの一つである。そこから日本人の持つ動物観を読みとることにもつなげていけると思われる。

第二章　近江の神社の狛犬設置率

調査対象の限定

狛犬を調査し、設置率等を算出しようとするなら、まず対象を限定する必要がある。私は、昭和時代に寄進された参道狛犬までとしている。

狛犬の調査をしていると、たまに陣内狛犬の鑑定を依頼されることがある。「これをテレビのなんとか鑑定団という番組に応募したいのだが、いいものかどうか」と、勝手に写真を送ってこられる方もおられた。陣内狛犬については私は全くの素人で、いい仕事をしているかどうかの審美眼はない。だから、丁重にお断りするしかない。陣内狛犬を対象としないのは、簡単に見せて頂けないからでもある。ただ、見るのは好きで、神主さんが「中にも狛犬がいますが、見ますか」と言われれば、喜んで見せて頂く。

前の章では陣内狛犬についても記述したが、この章以降は参道狛犬に限定する。

平成以降の狛犬を対象としないのは、私が平成になってから調査を始めたのが大きな理由であったが、今ではそれでよかったと思っている。残念ながら、平成以降は全国の狛犬が画一化され、没個性的になる傾向が強まっているからである。

調査上の今ひとつ重要な課題は、何を神社とするかである。細かな定義付け等の記述は避けるが、「常識的に多くの人々が神社と認識している所」を対象としている。だから、会社内や工場内の稲荷社等、あるいは屋敷神などは対象外である。滋賀県神社庁の名簿を基本にしながら、国土地理院の二万五千分の一の地形図の鳥居の記号に印を付け、昭文社発行の都市地図を参考にしながら県内を隈なく廻った。

もう一つややこしい問題は寺院の扱いである。寺院そのものの参道に、あるいは寺院の境内の社の前に狛犬が鎮座していることもある。高島市安曇川町中野の**聖徳太子堂**や長浜市湖北町津里の**津里観音堂**、大津市石山外畑町の**白州不動尊**など、正真正銘の寺院であるが狛犬がいる。比叡山山頂の無動寺の**弁天堂**には狛犬が五対もいる。これらの狛犬も調査の対象にしているが、神社の狛犬設置率を計算する時にはカウントしていない。県内の神社についてはほぼ悉皆調査が完成したと自負しているが、寺院に関しては調査漏れの狛犬がいる可能性はある。このあたりは個人調査の限界だろう。

近江の神社の狛犬設置率

調査した県内の神社総数は一八二六社であり、その中の一一一〇社に狛犬がいた。内訳は次の表の通りである。地域的な分布を分かりやすくするため、平成大合併以前の五〇市町村の行政区分で示している。

県内を平成の合併以前の五〇市町村別に見ると、設置率が最も高いのが中主町で、八五・七％。続いて永源寺町が八一・八％、豊郷町八〇・〇％である。七五％を超えるのが土山町、虎姫町、高月町、米原町、志賀町、湖北町、木之本町と続く。反対に少ないのは湖東町で、三三・三％。次に甲賀町、彦根市、愛知川町、大津市、安曇川町、秦荘町とが五割を切っている。全体的に見れば、湖北地域がやや高く、湖西地域、湖東地域、湖南地域の順にはなるが、その差は大きくなく、県内全体にまんべんなく設置されていると言えよう。

これを「市部」と「郡部」に分けてみると、

八市合計	六六四社中	三七六社に設置	設置率	五六・六％
一一郡合計	一一六二社中	七三四社に設置	設置率	六三・二％

と、明らかな違いが出てくる。郡部地域では鎮守の森に坐《ましま》す産土神を氏子たちが崇拝するという信仰形態が維持されているのに対して、都市部では住民の移動が多く、氏子意識が

滋賀県内の神社の狛犬設置率

平成末現在

行政区	調査神社数（社）	狛犬設置神社数（社）	狛犬数（対）	設置率（%）
大　津　市	171	78	101	45.6%
甲賀郡石部町	5	3	4	60.0%
甲西町	21	14	19	66.7%
水口町	48	30	38	62.5%
土山町	24	19	25	79.2%
甲賀町	11	4	4	36.4%
甲南町	33	18	22	54.5%
信楽町	32	17	19	53.1%
草　津　市	59	39	68	66.1%
栗　東　市	39	22	30	56.4%
守　山　市	64	46	51	71.9%
野洲郡野洲町	28	18	20	64.3%
中主町	21	18	24	85.7%
近江八幡市	79	46	56	58.2%
蒲生郡安土町	18	11	15	61.1%
竜王町	27	20	24	74.1%
蒲生町	38	24	30	63.2%
日野町	67	42	54	62.7%
神崎郡能登川町	34	19	23	55.9%
五個荘町	27	15	22	55.6%
永源寺町	22	18	21	81.8%
八日市市	62	44	61	71.0%
犬上郡甲良町	17	11	16	64.7%
多賀町	38	23	28	60.5%
豊郷町	10	8	12	80.0%

行政区	調査神社数（社）	狛犬設置神社数（社）	狛犬数（対）	設置率（%）
愛知郡愛東町	19	14	15	73.7%
愛知川町	16	7	7	43.8%
湖東町	30	10	13	33.3%
秦荘町	23	11	12	47.8%
彦　根　市	94	40	51	42.6%
坂田郡米原町	26	20	28	76.9%
近江町	21	13	14	61.9%
山東町	45	26	28	57.8%
伊吹町	19	13	14	68.4%
長　浜　市	96	61	70	63.5%
東浅井郡浅井町	65	34	41	52.3%
虎姫町	14	11	12	78.6%
びわ町	36	20	23	55.6%
湖北町	42	32	36	76.2%
伊香郡高月町	39	30	34	76.9%
木之本町	29	22	29	75.9%
余呉町	23	14	16	60.9%
西浅井町	19	13	15	68.4%
高島郡マキノ町	20	14	17	70.0%
今津町	34	22	27	64.7%
新旭町	18	12	15	66.7%
安曇川町	44	21	27	47.7%
高島町	23	17	18	73.9%
朽木村	19	13	13	68.4%
滋賀郡志賀町	17	13	15	76.5%
計	1826	1110	1377	60.8%

（分布の実態を分かりやすくするため、平成合併以前の行政区で集計）

他に４寺院に８対の狛犬。内訳は、大津市の弁天堂（５対）・白州不動尊（１対）・湖北町の津里観音堂（１対）・安曇川町の聖徳太子堂（１対）。

希薄なことがその背景にあると思われる。

ちなみに、平成大合併後の行政区分で見ると、設置率の高い地域は、合併がなかった豊郷町と竜王町とが一位、二位で、七三・五％の野洲市が三位となる。少ないのは、これも合併のなかった彦根市が一位で、愛荘町の四六・二％、大津市の四八・四％と続く。各行政区の拡大により設置率もより平均化していくことになった。

さて、県内の狛犬設置率は六〇・八％であり、六割強の神社に設置されていることになる。狛犬がいない神社が四割弱あるというのを、果たして少ないと見るのか、多いと見るのか。

戦前に社格が高いとされた神社を見てみると、**日吉大社**（大津市坂本・旧官幣大社）には立派な陣内狛犬がいくつもいるが、参道に狛犬はいない。竹生島に鎮座する**都久夫須麻神社**（長浜市早崎町・旧県社）にもいない。同じく旧県社では**篠津神社**（大津市中庄）、**井伊神社**（彦根市古沢町）、**油日神社**（甲賀市甲賀町油日）にもいない。あの**近江神宮**（大津市神宮町・旧官幣大社）でさえ、昭和五五年（一九八〇）に大津ロータリークラブなどが白大理石製の中国風狛犬を寄進するまでいなかった。全国的に見ても、神宮（三重県）、鹿島神宮（茨城県）、明治神宮（東京都）、熱田神宮（愛知県）、平安神宮（京都府）、橿原神宮（奈良県）、鹿児島神宮（鹿児島県）などの参道にいないことからすると、寄進する人がいないのではなく、

近畿各府県＋東京23区の狛犬設置率

平成末現在

府県等	調査神社数	狛犬設置神社数	狛犬設置率	調査神社割合
滋　賀　県	1826社	1110社	60.78%	100.0%
京　都　府	2103社	1046社	49.74%	100.0%
大　阪　府	921社	720社	78.18%	100.0%
兵　庫　県	2450社	1218社	49.71%	49.7%
奈　良　県	1159社	718社	61.95%	62.0%
三　重　県	814社	495社	60.81%	60.8%
和歌山県	208社	114社	54.81%	44.3%
東京23区	1181社	503社	42.60%	100.0%

（「調査神社割合」は都府県内の調査神社数÷全神社数）

寄進を許さないように思えてくる。ある著名神社の神官の方に「なぜ参道狛犬がここにはいないのですか」と伺うと「狛犬は外来の物だから」という答えが返ってきた。その是非を判断する力は私にはないが、賀茂別雷神社（京都府・上賀茂神社）では、参道にはいないのにもかかわらず神社の建物の中には陣内狛犬がいる。出雲大社（島根県）の参道にはいないが、本殿のすぐ隣にある出雲教本部の建物の中には陣内狛犬がちゃんと蹲踞している。こうなると、どのような一貫した理由があるのか、謎に包まれているとしか言いようがない。

さて、設置率の話に戻る。多いか少ないかは他と比べるしかない。上の表をご覧頂きたい。狛犬設置率が府県等によってかなりばらつきがあることがお分かりになるだろう。

大阪府が七八％超と飛び抜けて高い。しかし、それだけで「大阪の人は信仰心があつい」とは言えない。実は背景に戦前の合祀運動（神社統合）の影響があるからだ。戦時中には「小学校一学区一神社」を目標とする全国的な動きもあった。最も真面目に取り組んだと思われるのが大阪府で、数十社を一社にまとめた所も少なくない。元の神社の狛犬や鳥居を合祀後の神社に持ち寄ったことが、設置率の高さの大きな要因の一つと考えられる。兵庫県は合祀にあまり熱心でなかったようで、県内の神社数四二〇〇社以上というのは全国二位の多さである（ちなみに一位は新潟県の約五〇〇〇社）。大阪なら合祀されていたような祠も多く、狛犬設置率が五割を切っているのもその影響が大きいと思われる。東京23区の設置率が低いのは境内の広い神社が少ないこと、稲荷社が多いことが関係しているかもしれない。当然狐の像は多い。

現在、私は全国の神社一四、八三三社（狛犬のいた若干の寺院数を含む）を調査で巡り、その中で狛犬と出会ったのが八七一五社であった。近畿中心という偏りはあるが、現時点での狛犬設置率は五八・七五％となる。となると、近江の狛犬設置率はこの数字からだけなら全国平均より少し高いと言える。

近江の狛犬総数

県内の寺社の境内で獅子像が最も多い所は、間違いなく**太郎坊宮**（阿賀神社・東近江市小脇町）であろう。近江鉄道太郎坊宮前駅で降りると、見事な三角錐の岩山がそそり立ち、中腹あたりに立派な社殿が見える。参道を登っていくと、道脇の両側に玉垣の石柱が並んでいて、その間に規則的に灯籠と頭に獅子像を刻んだ石柱とが建っている。私は何に対しても数を数えるのが好きな人間だが、これだけは多すぎて諦めてしまった。これらの獅子像は参道にいても一対にはなっていないので調査対象にしていない。太郎坊宮の狛犬は、参道を挟んでいた二対のみを対象とした。

獅子像は、お寺の山門の上や屋根の上にもいる。時には、仏縁を結べることの喜びからか、逆立ちしている獅子像も珍しくない。当然これらも対象外である。あくまで、参道にいる一対の狛犬で、それも昭和以前の設置である。平成以降の設置で台座に寄進年が刻まれていないのもあるが、その程度なら見分けることが出来るし、見るだけにしている。

何でも例外があるもので、一体は参道にいるが、相手さんの一体が塀の中という例もあった。これは便宜上、陣内狛犬と見なしている。また、お相手が破壊されたかしてシングルになった狛犬もいる。現存する一体が元の位置に設置されているとするなら、調査の対象としているが、取り除かれ、境内の片隅に置かれているのは参考資料として扱っている。

白山神社（大津市森）は、いつもは参道の入り口に鍵がかかっている神社だったが、ある時、開けられていた。その時に参拝にこられていた方にお願いして見せて頂くと、阿形と吽形とに時代的なズレがあった。お聞きすると、昭和一三年（一九三八）の台風一三号で倒壊して、阿形だけが残ったという。そこで、昭和六〇年（一九八五）に瀬田の石材店で吽形を購入し、一対にしたという。このように、シングル同士が新しく結びついたものもいる。もちろん、このようなケースは立派な一対として調査し、狛犬の再スタートをいつも言祝《ことほ》いでいる。ただし、寄進年については二体がそろった年としている。

県内の総狛犬数は、寺院の八対を含めると一三八五対となった。これも平成大合併以前の行政区別で見ると、最も多いのが大津市の一〇七対（寺院の六対を含む）。二位が長浜市の七〇対、三位が草津市の六八対、四位が八日市市の六一対、五位が近江八幡市の五六対と、行政範囲の広い市域が上位を占めた。ところが、平成大合併で長浜市というとてつもなく広い市が出現したため、市内三六四社（一寺院を含む）に二七七対と断然トップになった。続いて東近江市が一八五対、大津市（二寺院を含む）一二二対、高島市が一一八対、甲賀市が一〇八対と、合併した所が上位に進出することになった。

合併前の神社数は、大津市が一七一社で最多数だったが、合併後は長浜市の三六三社が最高で、東近江市の二三二社、大津市一八九社、高島市一五八社、米原市一一一社と続く。

さて、調査した一八三〇社寺に一三八五対の狛犬がいたのだから、一社寺あたりの平均は〇・七六対となる。この数字はあまり意味がないので、狛犬のいた一一一四社寺に絞る

近畿各府県＋東京23区の狛犬総数

平成末現在

府県等	狛犬設置社寺数	狛犬数	狛犬設置平均数	調査神社割合
滋　賀　県	1114社寺	1385対	1.24対	100.0%
京　都　府	1056社寺	1390対	1.32対	100.0%
大　阪　府	727社寺	1255対	1.73対	100.0%
兵　庫　県	1218社寺	1440対	1.18対	49.7%
奈　良　県	719社寺	823対	1.14対	62.0%
三　重　県	495社寺	611対	1.23対	60.8%
和歌山県	115社寺	143対	1.24対	44.3%
東京23区	525社寺	713対	1.36対	100.0%

（「狛犬数」は昭和時代以前寄進の参道狛犬数。
「狛犬設置平均数」は狛犬数÷狛犬が設置されていた社寺数」）

と一社寺平均一・二四対となった。これも多いか少ないか、例によって他と比べてみよう。なお、上の狛犬総数のデータは寺院の狛犬数を含んでいる。

兵庫県の狛犬数が一番多いが、調査地域の関係等から考えて、最終的には三千近い数になると予想できる。大阪府の一社当たりの狛犬数が多いのは、これも合祀運動の影響であろう。

狛犬数では、滋賀県と京都府がほぼ同じ数となっていて、近畿ではやや多いほうである。

私の調査では、全国で狛犬のいた八七一五社寺で、一一、八八三対の狛犬を確認している。一社寺あたりで一・三六対となる。この数字が京都府の数字よりもまだ多いのは理由がある。私は、一応全都道府県には足を踏み入れているが、遠い所ほど著名神社の調査が中心になる。そのため、一社寺あたりの狛犬数が増えるのであって、もし全国悉皆調査が行えれば、一・二対程度に落ち着くと考えている。つまり、全国平均は近江の数字に近くなるはずだ。よって、狛犬設置率も、一社寺あたりの狛犬数も、近江はほぼ全国平均に近い標準的な所と言えそうである。

ちなみに、全国の神社数を約九万社と推定している。私の調査はまだ全国の一六・五％弱ほどにしか過ぎず、先は果てしなく遠い。葦《よし》の髄から天井を覗くような話で恐縮だが、これらのデータを元に大胆に推測すれば、全国の参道狛犬総数は七万余対であろうと踏んでいる。二七年前に上梓した拙著では「約六万」と予想したが、一万対増えたことになる。全国悉皆調査のゴールはまた逃げ水のように遠のいてしまった。

第三章　近江で最古の参道狛犬

狛犬調査の楽しみ

狛犬調査で神社の境内に足を踏み入れる時、いつもどきどきする。どんな狛犬が待ってくれているのかと胸が高まるからである。遠くから見つけて様式や寄進年の見当をつけ、近づいていく。調査の前には、可能な限り神社関係者の方に許可をいただくようにしているが、不在のことも多い。都会ではホームレス的な方が拝殿で寝ておられ、説明し調査のお許しを乞うたこともあった。誰もいない境内で拝殿の階段に座り、一人きょろきょろしている人があれば、しばらく待つ。そろりそろりと賽銭箱に手を伸ばされれば、咳をして注意を引き、お引き取り頂く。こういう方にも何人か会ってきた。田舎の神社では滅多に人がいないので、私自身が賽銭泥棒に間違われぬようといろいろ気を遣う。たまたまおられた近所の人に説明すると、「なんでそんなものを調べるんや」と聞かれ、なかなか納得してもらえなかったり、「区長さんとこへ行って」とすげなく言われたりすることもある。

他人様の神社で調べさせて頂くのだから、こんなことは当然のことと考えるべきであろう。たまたま好奇心の強い人に会うと、狛犬の説明を求められる。こちらも嬉しいので喋りだすと、時間がたち予定の神社が回れなくなったりする。悲喜こもごもの調査を続けてきた。

狛犬に近寄り、メジャーで体長や台座の長さ等を測る。角を確認し、たてがみや歯の数も数え、耳の向きも確かめ、失礼して股ものぞき込む。最後に台座を調べ、寄進年や寄進者名、石工名、寄進理由などをノートに記入し、記録用の写真を撮る。この寄進年を確認する時が一番緊張する時である。台座の石の質が粗かったり、摩耗したりしているとなかなか読めない。ありがたいことに「天保十二年辛丑五月」などと、江戸時代の狛犬の殆どに干支が併記されている。干支は六十種類であり、江戸時代の限られた元号との組み合わせだから、たいていは読みとれる。最後の手段は、ライトを照らし、斜め下から見る。

東京23区や大阪府の最古の狛犬の噂は、調査の初期の段階から既に聞いており、私も悉皆調査後に間違いないと確信を持った。問題はその他の道府県である。

兵庫県の最古の狛犬はあまり知られていない。たぶん、噂があっても誰も確かめたことがないからであろう。私は、延享三年(一七四六)が、年号の確認できる最古の参道狛犬と確信していた(年号が書かれていない狛犬には室町時代の作とされる参道狛犬もいる)。ところが最近、「元禄元年」の年号を台座に刻んだ狛犬に出会ってしまった。西暦で言えば一六八八年で、芭蕉が「おくのほそ道」の旅に出る前年である。一挙に五八年間も遡ってしまったのである。この狛犬、蹲踞している姿ではなく、暑い時に犬がお腹を地べたにべたーっとくっつけて寝ている姿勢で、頭だけ少し上げていた。古様によくある姿で、元禄期の寄進に間違いないと思われる（年代が刻まれていてもそれだけで信用しきるのは危険である。中国地方の某県で最古とされる狛犬は、大坂生まれの狛犬で、他と比較して刻まれた年代にはあり得ない様式だったという例もある）。

古い狛犬を発見した喜びは発見した人にしか分からない。ただ、大いに困ったのは、この暫定兵庫最古の狛犬が台座の上にいるのではなく、参道の両横の草原の上に横たわっていたことだ。道具さえそろえれば簡単に持って帰れそうである。そのうえ山の中であり、人が常駐しておられない。

以前ある新聞が「野生の○○草の群生が発見された」と報じたところ、記事には近くの峠名が記されていただけなのに、瞬く間に乱獲され、絶滅したという例がある。人を信用しないのはイヤなことだが、持ち帰り可能な狛犬については、そのような理由で場所を公表しないことにしている。

まず、寄進年が台座で確認出来るもので、近畿地方と東京23区の古い石造狛犬を、都府県別に二対ずつ紹介する。これらは台座にしっかり固定されているから大丈夫である。なお、先に触れたように調査途中の県も多いので、中間報告であり、今後更新される可能性があることはご理解頂きたい。

◎大阪府	①住吉大社a	（大阪市）	元文	元年（一七三六）	六月 吉旦
	②道明寺天満宮b	（藤井寺市）	元文	三年（一七三八）	一月 吉日
◎京都府	①和貴宮神社a	（宮津市）	享保	三年（一七一八）	一二月 吉日
	②大川神社a	（舞鶴市）	寛延	四年（一七五一）	三月吉祥日
◎兵庫県	①非公開		元禄	元年（一六八八）	
	②倭文八幡神社a	（南あわじ市）	延享	三年（一七四六）	一月日
◎奈良県	①朝護孫子寺a	（平群町）	宝暦	八年（一七五八）	九月 吉日
	②奈良山天神社b	（奈良市）	明和	二年（一七六五）	八月 吉日
◎和歌山県	①印南八幡神社a	（日高郡）	天明	八年（一七八八）	一月 吉日
	②小竹八幡社a	（御坊市）	寛政	二年（一七九〇）	九月吉祥日
◎三重県	①春日神社a	（桑名市）	天保	三年（一八三二）	初夏
	②長谷神社a	（桑名市）	天保	一一年（一八四〇）	八月 穀旦
◎東京23区	①目黒不動尊a	（目黒区）	承応	三年（一六五四）	三月□二日
	②氷川神社a	（港区）	延宝	三年（一六七五）	六月 吉日

古いとはいえ、多くが一八世紀以降であることがお分かりいただけると思う。私には、「日本最古の参道狛犬は？」という質問に答える自信はまだない。ただ、「寄進が一般化するのは江戸時代の承応期以降、大衆化していくのは天明期以降」と答えることにしている。

近江最古の狛犬

これで外堀は埋まったので、いよいよ近江の最古の参道狛犬の出番である。意外や意外と言えば失礼だが、発見した時はわが目を疑った。

◎近江最古の狛犬　**加茂神社**ａ（甲賀市土山町青土）　寛政五年（一七九三）三月吉日

参道狛犬は当時の新文化であり、文化の進んでいる都会に設置されるのが定番である。他地域への広がりは、まず船の便のいい所へ情報や実物が伝わる。あるいは大きな街道を通じて宿場に伝わっていく。そしてそこから波紋のように広がっていく。

土山は、東海道が鈴鹿峠を越えるようになってから、難所の手前の宿場として重宝され、江戸時代には東海道四九番目の宿場町として賑わっていた。北土山には本陣二軒、旅籠屋が四四軒もあったという（八杉淳『近江東海道を歩く』サンライズ出版）。「坂は照る照る鈴鹿は曇る」と歌いながら荷物を運んでいた馬子たちも、宿場から街道を離れて一里ほども北に入った青土《おおづち》に立ち寄ることなど、滅多になかったはずだ。江戸時代の様子が次のように描かれている。

青土村　音羽野村の北東にあり、山に囲まれた山村。南を松尾川（野洲川）が西流し、北は蒲生郡境。集落は松尾川の北岸に形成される。大永六年（一五二六）の加茂神社棟札銘に「頓宮村之内青土村」とみえるのが早い。慶長五年（一六〇〇）幕府領となり、元禄郷帳では旗本水野領とある。同七年の検地帳によれば、高二〇八石余、田五丁七反余・畑一三町余・屋敷二反余で、畑優位の村であった。寛永石高帳でも同高で（以下略）

（『日本歴史地名大系25　滋賀県の地名』平凡社）

「畑優位の村」というのは、現在のように近郊農業で収入を得ているというのではなく、米を作りたくても水田にする場所が少なかったためであろう。林業を中心にするにも山が浅すぎる。現在ではすぐ上流に青土ダムができ、のどかで落ち着いた感じの集落である。

加茂神社社殿前の「御由緒」には、

大永年間飯塚安斎山城国加茂より来て開村。山城国加茂神社の御分霊を勧請し神社を創祀する。本殿は大永六年の建築である。

とあった。本殿は国の重要文化財に指定されているが、見たところ、どこにでもある村の鎮守様の雰囲気だった。つまり、時代に先駆けて近江最古の狛犬を設置するための経済的・文化的基盤が、これまた失礼ながら見つからなかったのである。

謎を解く鍵は台座に刻まれていた。

江戸鉄炮洌　関根氏

とある。「炮」は「ホウ」と読み、「火であぶる」の意味。この漢字がよく使われるのは素焼きの平たい炮焙《ほうらく》という土鍋の名称としてであろう。「鉄炮」は「鉄砲」と読める。「江戸鉄炮洌　関根氏」は、江戸の鉄砲製作関係の人物なのか、それとも「江戸鉄砲」という商品名の鉄砲を造っている人の意味なのか。後者であれば近江の有名な国友鉄砲の関係者なのか、それとも大坂は堺の鉄砲関係者なのか。

「洌」は「(水などが)清い」の意味で「レッ・レイ」と読むとある(『角川大字源』)。「テッポウレッ(レイ)」とは何か。鉄砲職人の職階に関わる専門用語なのか?

難問はひょんなことから簡単に解けた。どこかで「洌」の字を見たと思っていたら、「中洌先生」という偉い先生がおられたことを思い出したのである。お名前は「なかす(先生)」とお読みする。権威ある辞書には載っていなくても、苗字として「洌」は「す」と読む例があったのだ。となれば、「洌」=「州」ではないのか。たしか「鉄砲州稲荷神社」があり、安藤広重の『名所江戸百景』に描かれていたはずだ!(「鉄炮洲稲荷橋湊神社」)

現在の住所で言えば、東京都中央区港である。このあたりは京橋川が隅田川に合流する所で、かつては「江戸湊」と呼ばれ、消費都市江戸に多くの物品が陸揚げされた所である。

「鉄砲」という名の由来は、地形が鉄砲に似ている、あるいは、大筒の試射場があったとの二説があるが、決して鉄砲を造っていた場所ではない。結論を簡単に言えば、江戸の鉄砲州に住んでいた関根さんが、青土の加茂神社に狛犬を寄進したということである。

関根氏の活躍

江戸の関根氏について、もう少し掘り下げてみよう。寄進した関根氏がどのような人物かについては手掛かりはない。分かっているのは、江戸にいた関根氏が青土村の加茂神社に狛犬を寄進したというだけである。青土村と江戸との間に商売上の特別な関係があるとは考えられない以上、関根氏の個人的関係が寄進理由に違いない。とすれば、江戸で一旗揚げた関根氏が、出身地である青土村の産土神に狛犬を寄進し、故郷に錦を飾ったことはまず動かないだろう。

当時の江戸の店の多くは、まだ本店を京や大坂に置き、「江戸支店」的な扱いだった。これを「江戸棚《えどだな》・江戸店《えどだな》」という。これらの店で働く人々は、期限付きの臨時雇い人以外は、原則として関西から派遣していた。関根氏は多分青土村のどこかの家の次男以下として生まれたのであろう。奉公先を探して直接江戸へ出たのではなく、まず、京の店で丁稚奉公から勤めていた。その才覚が後に認められ、江戸支店に出向し、成績を上げて故郷に狛犬を贈ったのだろう。

この狛犬は京の石工の手で造られた狛犬で、私は「浪花狛犬白川型」と呼んでいる。当時も江戸の狛犬と関西の狛犬は別の姿をしていた。これらの点については次章で述べるが、関根氏はなぜ江戸の様式の狛犬を寄進しなかったのか。

これも推測だが、先ずは江戸から青土村まで運ぶには運送料がかかりすぎたからであろう。阿形の体長が四二㎝、吽形が四五㎝と小型狛犬だが、これでも重く、一週間以上かけて土山宿まで運ぶのには出費がかかりすぎる。そこで故郷に近い京で調達したのだ。土山付近の石工さんたちは、まだ参道狛犬を造ったことがなかったであろう。また、当時の狛犬生産の中心地である大坂の石工に頼まず、狛犬造りとしては新興勢力であった京の石工にわざわざ頼んだ理由は、彼が勤めていた店の本店が京にあったとすれば納得できる。

まとめると、口減らしのために家を出された関根氏が京の店で働き、その才能を認められて江戸店へと出向する。そこで成功を収めるが、雇われ人の一生は飼い殺し的な環境であり、元気なうちに京へ戻る可能性も少ない。年を取るにつれ思い出すのは故郷の山や川である。そこで、せめて自分の分身としての狛犬を産土の神に奉納したくなった。京の石工に頼み、青土まで運ばせたが、それまでにも村の有力者達への根回しが必要であり、神社の維持費や祭り執行への寄付等と何かとこまめにしてきたに違いない。かくして関根氏は立志伝中の人物として村人たちから崇められることになった。寄進者名が「関根」ではなく、「関根氏」となっているのも、彼が村人達に依頼して寄進したことを物語っている。

加茂神社aは白川型狛犬

まず、加茂神社aの阿形をよく見てみよう。角はない。楕円形の目をしていて、耳は少し垂れ気味である。鼻はいわゆる獅子鼻で、鼻の下に口ひげはない。そして、下顎を下げて口を開けている。これを「当たり前」と思うことなかれ。時には上顎を上げて口を開けるという強者もいるからである。口の中は二本の犬歯の間に五本の臼歯(石造なので門歯も臼歯とみなしている)が見える。たてがみは、先が細くなる毛の束が一二本、先が円く渦巻いている毛の束が八本で表現されている。これを「八渦一二毛のたてがみ」と称す。左前足のつま先よりも、頭の方が前に出ている。身体だけでなく、顔も参拝者の方に少し傾けている。股はのっぺらぼうである。尻尾を見てみよう。これ

近江最古の加茂神社a

が大事なのだが、後ろから見ると全体では扇形、あるいは団扇のような形をしている。よく見れば根元から五方向に枝分かれしていて、毛の先が尖っている。五本の炎のようにも見えるので、「扇尾（五炎峰）の尻尾」と名づけている。

吽形もほぼ同じである。臼歯が吽形より二本多いことはたいした問題ではない。たてがみの毛の本数も違うが、先が細くなる毛の束と、先が渦を巻く毛の束からできていることは同じである。尻尾も同じである。違うのは、頭の上に約三・五㎝の角が生えていること。そして。約二㎝のかわいい男性器が彫られていることである。

垂れ耳で、扇尾で、獅子・狛犬で、不明・雄のこの様式が、実は浪花狛犬の基本的な形式である。浪花狛犬とは、江戸時代に大坂の石工たちが造り出した、あるいは他地域の石工がそれをまねて造った狛犬達の総称で、参道狛犬史上に大きな足跡を残している。

この加茂神社aを理解するためには、まず、浪花狛犬の歴史を理解して頂かなければならない。詳しくは拙著『大阪《なにわ》狛犬の謎』で述べたが、江戸時代の狛犬たちの歴史的・地域的位置づけを理解して頂くために、かいつまんで紹介する。

私は狛犬調査を平成元年から始めたのだが、京都府南部にいた江戸時代の狛犬には、古いほど大坂の石工名が刻まれていることが多いことに気づいた。「京都の狛犬のルーツは大坂ではないか」ということで、大阪を北から南へと調査することになる。その結果、寄進年として江戸時代の年号が刻まれた狛犬が六一五対もいることが確認出来た。寄進年が刻まれていなくても江戸時代のものと分かる狛犬が丁度一〇〇対いたが、正確性を期すためにまずは無視した。一対一枚の調査カードを年代順に並び替え、それにあわせて一対二体、計一二三〇体分の写真を年代順に並べようとしたが、そんなスペースなどあるわけがない。風が吹けば一巻の終わりである。そこで、狛犬アルバムを取っ替え、引っ替えしながら年代順に確認していくと、時代と共に変化している姿が見えてきた。もちろん、ある年を境にコロッと変わるということはなく、ダブりながらも確実に変化していた。

以前、浪花狛犬の歴史を石工別・石屋別に分けてその変化を探ろうとした方もおられたが、石工名が刻まれているのは限定されていることと、何よりも、専売特許とか盗作という意識が薄い時代である。評判の良いスタイルができれば、みんな真似をするのだから、この方法には無理があった。私のような最も原始的な方法が結果的には良かったのである。

結果として、浪花狛犬の歴史的変遷は次の七期に分けられるとの結論になった。なお、御霊神社（大阪市中央区）には元和年間（一六一五～二四）の寄進とされる狛犬がいるが、青銅製であり、歴史的に孤立した存在であるのでここでは扱わない。

同じ浪花狛犬でも、その様式の違いを表すため「浪花（式）狛犬住吉型」のように、「式」の下位分類を「型」で表している。ここでも「式」は省略することが多い。

志紀長吉神社（大阪市）の
住吉型狛犬

第一期　住吉型狛犬の時代

住吉大社ａ（前出）の元文元年（一七三六）の狛犬から始まる。異形で恐ろしい顔をしている。獅子・狛犬、阿形・吽形の形式が確立する。性器表現も盛ん。

第二期　杭全《くまた》型狛犬の時代

杭全神社ａ（大阪市平野区）の延享五年（一七四八）の狛犬から始まる。顔の表情は少し穏やかになる。短足胴長で、尻尾は独立せず、背中にくっついている。

第三期　上宮《じょうぐう》型狛犬の時代

上宮天満宮ａ（高槻市）の宝暦九年（一七五九）の狛犬が最古。顔の輪郭が四角になり、獅子舞の獅子頭に似る。尻尾は扇形で独立する。たてがみに毛筋が刻まれる。

第四期　三輪型狛犬の時代

三輪神社ａ（高槻市）の天明五年（一七八五）の狛犬から始まる。上宮型狛犬とほぼ同じ顔立ちだが、有角の狛犬のたてがみを直毛のみとし、獅子との違いを強調する。

第五期　浪花型狛犬の時代

天明期頃から少しは見られた丸顔の狛犬が改良され、寛政五年（一七九三）頃から主流となる。どんどん愛らしい顔になる。浪花を代表する狛犬で、狛犬寄進ブームの主役とも言うべき存在。畿内だけでなく、西日本を中心に全国に寄進される。

第六期　蝦蟇《がま》型狛犬の時代

八剣神社a（大阪市城東区）の天保七年（一八三六）の狛犬が最古。顔の輪郭が四角に戻り、顎が発達していて蝦蟇ガエルを連想させる。毛の数など、画一的となる。

第七期　八重垣型狛犬の時代

能勢妙見宮a（豊能郡能勢町）の文政一〇年（一八二七）の狛犬が最古。幕末に復活して流行る。出雲地方から日本海側に多く見られる狛犬を模したもの（後述）。

これらの浪花狛犬が、様式だけでなく寄進数にも大きな意味を持つので、大阪府内の寄進数の増加を確認しておこう。

天明年間以前（　　～一七八九）	四三対	
寛政・享和期（一七八九～一八〇四）	五五対	年平均三・七対
文化・文政期（一八〇四～一八三〇）	二一三対	年平均八・二対
天保・弘化期（一八三〇～一八四八）	一六四対	年平均九・一対
嘉永・慶応期（一八四八～一八六八）	一四〇対	年平均七・〇対

浪花狛犬は砂岩系の石（和泉砂岩）で造られることが多い。御影石より彫りやすいが、耐

久性に問題がある。一年中露座にいるのだから、雨の影響を受けやすい。それ以上に大敵なのは雪である。身体に入り込んだ水が凍って体積を増すと、石の表面から崩れてくる。一〇〇年経つとかなり摩耗する。表面から剥離していき、無惨な姿になる。そのような過程を経て引退してしまった狛犬数もかなりあると思われる。また、寄進年の刻まれていない前述の狛犬数なども勘案すれば、右の表の数よりかなり多く設置されていたに違いない。

そのため、正確な設置数は分からないが、傾向は読みとることが出来る。文化・文政時代以降に急増している。一種のブームが起こったのであろう。近江への影響の道筋としては大坂から京を経て近江へと考えられる。

全国の有名社寺の総本宮や本山といえば京都に多いとの印象がある。私も狛犬を調査し始めた時は、「京都市内には多くの古い狛犬がいるはずだ」と期待していたが、調査をして拍子抜けしてしまった。先に見たように、京都府内で最古の狛犬と二位の狛犬は北部の丹後地方にいる。三位も丹後で、ようやく四位になって

◎京都市最古の狛犬　安井金比羅宮c（東山区）　明和四年（一七六七）一〇月吉日

が登場する。台座に「二條　石工　和泉屋傳九郎」とある。店は京の二条にあったのだろうが、「和泉屋」という屋号からして、浪花で修業した石工であることが分かる。寄進者名にも「木屋町二条講中」として、河内屋平兵衛や和泉屋源兵衛などの名前があり、浪花の

商人に違いない。つまり、浪花から来た商人たちが、浪花系の石工に頼んで狛犬を彫らせ、京の神社に奉納したのである。

安井金比羅宮cは四角い顔をしていて、浪花狛犬の第三期「上宮型狛犬」であり、この時まで京には狛犬が寄進されていなかったと考えられる。一度設置されてしまうと市民権を得たようで、今度は京の石工たちが浪花の石工に対抗して狛犬を作り出す。

われわれ人類は自然物を活用して生活しているが、最も多く利用しているのは石材だといわれている。人の集まる所には石工が発達する。京には、比叡山周辺からいい御影石が取れる。これが砕けて川に流れていくと、白さが目立つ。そこから付いた名前が白川である。かつては白川周辺に石工が集まり、「白川の石工」と称されていた。比叡山の東麓には穴太衆《あのうしゅう》という歴史的な石工集団がいた。その影響も受けながら、白川の石工達は腕を磨いてきた。大きな声では言えないが、浪花の石工たちをかなり見下していたようで、自分たちの彫りをわざわざ「京彫り」と呼んできた。確かに彫りは素晴らしいが、その分彫り賃も割高になる。

文化七年(一八一〇)秋、ようやく京の石工が彫った狛犬が北野天満宮(上京区)の拝殿に一番近い所に奉納される。御影石製で体長七七㎝の立派な狛犬である。様式等は浪花狛犬浪花型を踏襲している。しかし、腕を自慢するだけあって彫りは鋭い。扇形の尻尾も、浪花が丸みのある炎の形で広がっているのに対して、直線的でシャープな彫りである。この様式の狛犬を「浪花狛犬白川型」と呼んでいる。

白川型狛犬の工夫の一つが、顎の下の毛で、左右両方に対称的に広がっている。私が初めて加茂神社aを見た時、目に入ったのがこの左右に広がった顎の横の毛である。たてがみの彫り方も間違いない。尻尾の形も彫りが少し穏やかだが白川型に違いない。引っかかったのは台座である。白川型の場合、台座の正面（参拝者から見て）に、窓に格子戸をつけたような模様を入れるのが定石だが、ここは無地である。台座の石の質も気になる。だから、白川の石工が彫ったとまでは断定できないが、少なくともその影響を受けた石工の作品であることは間違いない。先に「関根氏は京の石工に依頼した」と推測した根拠は以上である。

まとめると、一七世紀前半に生まれた浪花の狛犬が進化し、上宮型狛犬が誕生した時に京に伝わった。それに刺激された京の石工達が、当時の流行の最先端であった浪花型狛犬をモデルにしつつ白川型狛犬を作り出す。関根氏は、故郷に錦を飾るべく、村人の協力を得ながら、白川型を故郷の加茂神社に寄進したということになる。

関根氏は、江戸で参道狛犬を見ていたはずだ。鉄砲州に住んでいたのなら、延宝三年（一六七五）寄進の狛犬がいる氷川神社（東京都港区）へお参りもしただろうし、都内最古の狛犬がいる目黒不動尊（目黒区）へも行っているはずだ。あるいは、かの吉原へ足を踏み入れる前に、享保一三年（一七二八）寄進の狛犬がいる浅草弁天堂で「今夜は首尾よくいきますように」と祈った可能性も大きい。参道狛犬を目の当たりにし、商人たちが寄進しているとの知識があり、それなりの財力があったからこそ、故郷の社に寄進できたのであろう。

しかし、加茂神社aはあまり評判にならなかったようだ。なぜなら、この狛犬に影響されて狛犬を寄進しようという動きが地元で見られないからだ。もし、青土村の氏子が集まって加茂神社にこの狛犬を寄進していたとすれば、必ず近くの村人達が対抗するはずである。あるいは地元の大家・金持ちが奉納したとしても、隣の大家の旦那が放っておくはずがない。「関根さんは都から珍しい物を持ち込んだもんだ。やっぱりあいつは変わり者だ」というぐらいで済まされてしまったのであろう。格式張って言うと、「近隣の人たちには鎮守様に狛犬を奉納するだけの経済的・社会的・文化的な気運が熟していなかった」のであり、簡単に言えば「早すぎた」のだ。そもそも狛犬寄進の火付け役になるにしては場所が街道から離れすぎていた。大津や彦根の街中の神社ならまだよかったのだが。

かくして、寄進年が刻まれた次の狛犬を近江で見るまで、二八年間の空白が続く。

第四章　近江の古い狛犬ベスト一一

近江の白川型狛犬

関根氏が加茂神社に奉納した近江最古の参道狛犬には、すぐに追随するものがいなかった。近江狛犬史上重要な位置を占めているにもかかわらず孤高を保ち、二二〇余年間もの長い間、氏子の方々に見守られる中で蹲踞し続けている。氏子の方々がその価値に気づいておられるのかどうかは分からない。おそらく、最古であることを確認した記述は本書が「初公開」だと思われる。ただ、県内をくまなく調査し、確認した好事家がここに一人いるのだから、あと何人かおられたとしても不思議ではないので、断定はしない。

私が調査した時には、直接吽形の角に触ることも出来たし、阿形の頭をなぜることもできた。しかし、現在は鳥かごのような網がかけられている。狛犬保護のためにはいいのだが、観察しづらくなったのは残念である。

なお、県内には浪花狛犬白川型の系統を引く狛犬が他に三対いるので紹介していこう。

その内の二対が高島市にいるが、ともに寄進年が刻まれていない。

一対は**唐崎神社**ａ（川裾宮とも・高島市マキノ町知内）で、一部欠損しているとはいえ、美品である。獅子・狛犬、不明・雄の形式も守られている。吽形の顎の横には白川型のトレードマークである左右に広がる毛の束が彫られている。天狗の羽団扇のように五方向に広がった尻尾も立派である。寄進年としては、加茂神社ａより後であり、文政期頃と推定している。当地は湖岸で、知内川、生来川、百瀬川の三川が集まる所であり、ゆったりした境内からの眺めも素晴らしい。文字通り白砂青松の世界である。

唐崎神社の白川型狛犬

今一対は、すぐ近くの**天満宮**ａ（高島市マキノ町新保）。いい彫りだが、白川型としてはちょっぴりふっくら系。尻尾も七方向に広がり、二個の渦巻きまで添えられている。少し苔むしていた。当社は幕末にこの地へ移ってきたのであり、旧鎮座地は湖岸であったという。唐崎神社ａより少し後の寄進と考えられる。

両者とも寄進者名が刻まれていないのは残念である。個人の寄進ならまず刻まれることから考えれば、氏子中による寄進かも知れない。天満宮aの方が時代があとで、唐崎神社aを意識して同型の狛犬を寄進したと思われる。

あと一対は大津市にいる。近江神宮から京の銀閣寺辺へ抜ける山中越の府県境近くにある山中町の**樹下《じゅげ》神社**aである。山中越の道からは、幕末の『都名所図会』に「琵琶湖の風景一眼の中に尽きて、地勢穆《ぼく》々として(麗《うるわ》しく立派なこと)心を奪はるに似たり」と描かれたほどの絶景が望める。山中町は一服所であり、かつては茶屋もあったという。樹下神社では、その年の吉凶を占うお弓行事が行われる。鳥居脇に大蛇に見立てた縄を張り、鬼と書いた的に弓取り役の二人が矢を射り、その後、大蛇の縄で綱引き行事が行われれる。この祭は大津市の無形文化財に指定されているなど、伝統ある神社であり、狛犬もそれにふさわしく威厳のある姿をしている。阿形・吽形ともなかなかいい顔をしている。台座には文久三年(一八六三)の寄進日と、白川型らしく格子が付いた窓が描かれている。ここから西に下れば石工達のいる白川村であり、そこの石工の作品であろう。

だが、これらの三対と、土山町の加茂神社aとのつながりは特になく、同様式の狛犬を寄進したのは当時の京の流行モデルであったからだと思われる。

近江の古い狛犬ベスト一一

加茂神社ａにつづく近江の古い狛犬を第二位から並べてみる。

②**海津天神社**ａ　（高島市）　文政　四年（一八二一）　一二月日
③**弁天堂**ｂ　（大津市）　文政　七年（一八二四）　八月初三日
④**上笠天満宮**ｂ　（草津市）　文政　八年（一八二五）　二月
⑤**高岸神社**ａ　（東近江市）文政一〇年（一八二七）　九月吉祥日
⑤**諏訪神社**ａ　（東近江市）文政一〇年（一八二七）　九月　吉日
⑦**尾崎神社**ａ　（長浜市）　文政一〇年（一八二七）　一一月
⑧**神明宮**ａ　（東近江市）天保　二年（一八三一）　一月　吉日
⑨**長濱八幡宮**ｂ　（長浜市）　天保　五年（一八三四）　九月
⑩**北野神社**ａ　（彦根市）　天保一二年（一八四一）　三月　吉日
⑪**立木神社**ｃ　（草津市）　天保一二年（一八四一）　五月

これらは、特に地域的に偏ることもなく、県内にうまく散らばっている印象を受ける。

なお、県内では江戸時代の寄進年号が刻まれた狛犬が四〇対いた。先に、この数をどう見るのかを考えてみよう。例によって近畿の他の府県と比較してみる（比較のため大阪府も再録）。

調査の終わっていない県もあるのでそれを考慮して考える必要がある。また、それぞれの区分が同一年間でないことも配慮しなければならない。ちなみに、寛政・享和期は一六年間、文化・文政期が二七年間、天保・弘化期が一九年間、嘉永・慶応期が二一年間である。年間の不均衡を是正するために同間隔で区切ればいいではないかというご意見も当然あろうかと思うが、調査して気が付いたのは、文化には文化の、天保には天保の特色が狛犬に出ていることだ。元号がそれほどの力を持つはずがないとは思うが、不思議であるにしてもそう感じたのも事実である。ベスト一一という中途半端な数字で切ったのも、ここが天保と弘化との元号の境であるからだ。

以上の要素を考慮した上でも、明らかに府県と時代による差が読みとれる。重要な点を整理してみよう。

①江戸時代の狛犬が多い所と少ない所に分かれる。滋賀県は少ない方である。

②江戸時代の狛犬は大阪府と兵庫県とに多く、文化期になってから同じように急増している。

③奈良県も江戸時代の狛犬が多いが、文化期ではなく、天保期以降に急増している。

④滋賀県と和歌山県とは、江戸時代の狛犬の数が同じように推移している。この表では分からないが、滋賀が全県に満遍なく存在しているのに対して、和歌山は大きな港近

近畿各府県＋東京23区の江戸時代の寄進年が刻まれた狛犬数

平成末現在

府県等	天明年間以前 ～1789	寛政・享保年間 1789～1804	文化・文政年間 1804～1830	天保・弘化年間 1830～1848	嘉永・慶応年間 1848～1868	合　計
滋賀県	0	1	6	9	24	40
京都府	5	4	25	43	89	166
大阪府	43	55	213	164	140	615
兵庫県	34	29	142	81	102	388
奈良県	5	2	19	119	217	362
三重県	0	0	0	2	5	7
和歌山県	1	2	5	10	26	44
東京23区	39	10	29	26	49	153

（単位：対）

くの神社に多い。

⑤三重県は江戸時代の狛犬が極端に少ない。天保期の二対は桑名港周辺の神社である。

⑥東京23区は天明年間以前は多いが、その後は似た数で推移している。

和歌山県と三重県の江戸時代の狛犬が港の近くで見られるのは、大坂・江戸間の物資流通経路の途中で、大坂の船舶関係者によって航海安全等のために寄進されたのであり、内陸部への広がりは見られない。

奈良県で天保以降に急増するのは、大阪府と兵庫県で文化期以降に急増した狛犬寄進ブームの「波」が、時間差があって押し寄せてきたからと考えたい。奈良県内の江戸時代の狛犬の殆どが浪花で造られた狛犬である。天保期以降、浪花狛犬は大挙して生駒山を越えたり、大和川を遡ったりしながら奈良盆地に進出してきている。浪花型狛犬も少なくないが、目立つのは幕末の蝦蟇型狛犬である。蝦蟇型狛犬は画一化しているので、たてがみの毛数や尻尾の形など、調査ノートに同じ数字ばかりが並ぶ。

大坂商人と浪花狛犬は密接な関係を持っている。大坂商人の経済圏の拡大につれて浪花狛犬が増えていっているのである。その影響が京でも一定見られる。

実は、私が近江の調査をしながらいつも疑問に思っていたのが、この「なぜ江戸時代の狛犬が少ないのか」という課題である。言い換えると、大坂商人はなぜ近江に浪花狛犬をあまり寄進しなかったのかということである。

「江戸と大坂の違い」も気になる。東京は関東大震災と東京大空襲とを経験しているから、その時に狛犬が破壊され、残っていない可能性も考えられるが、大阪だって第二次大戦で焼け野原にされている。やはり、江戸では大坂のような急激な「狛犬寄進ブーム」が起こらなかったと考えて良さそうである。としたら、江戸と大坂で何が違ったのであろうか。

海津天神社の狛犬

海津天神社（高島市マキノ町海津）は、ＪＲ湖西線マキノ駅西北に鎮座する古社で、趣のある参道、ゆったりとした境内は心を和ませてくれる。境内は鎮守の森に囲まれ、摂末社が多い。その中でも本殿右手の大鍬神社が注目される。建久二年（一一九一）に菅原道真公を勧請し、「天神社」と称しているが、それ以前から地元の信仰を集めてきていた。境内の小野神社は式内社とされ、大鍬神社も式内論社（式内社の可能性の高い神社）である。神社名に「鍬」が付く場合、蚕の関係の「クワ（桑）」から名づけられたと言うより、開墾用の鍬を意味することが多い。古代にこの地を拓いた神様に相応しい名である。

海津天神社の浪花型狛犬

　古くからの天神社が、途中から道真公を勧請しつつ、今までどおりの天神社と名乗ることも少なくない。「天神」は「天神地祇」の「天神」である。天神はもともと高天原におられた天津神《あまつがみ》であり、最初から日本の国土におられたのが国津神《くにつがみ》である。道真公の場合、無実の罪で九州の大宰府へ流され、失意の内に亡くなられたとされることから、その怨霊を鎮めるべく天神社が建てられる。その時点では天津神ではなかったはずだが、やがて「道真公は天満自在天という天津神」と見なされるようになる。紆余曲折の後、学問の神となり、江戸時代にはその像が寺子屋に祀られるなどして親しまれていく。いうなら「天津神を祀っていた天神社」が「道真公という天神を祀る天神社」に変わっていくのだ。由緒の古い天神社ほど、その点を注意して参拝する必要がある。

なお、北近江は天神信仰の盛んな所でもある。代表的なのが菅山寺と**近江天満宮**（菅原神社・明治の神仏分離令で菅山寺と分かれたが、同じ境内にある。余呉町坂口）。道真が宇多天皇の命を受けて入山して三院四九坊を建てて中興、奈良時代創建の竜頭山大箕寺を、「菅」の字を取って大箕山菅山寺と改名したと伝えられる。寺内には道真お手植えといわれる一対のケヤキの巨木がある。樹齢は千年以上で、これほど印象的な姿のケヤキは珍しく、これを見るだけでも標高約三五〇mの山中まで登っていく値打ちがある。ただ残念なことに、先年、片方が折れてしまった。

道真は、余呉湖近くの川並村に生まれ、六歳から一一歳まで、この寺で学んでいたとの伝承もある。京から来た菅原是清が連れて帰り、養子にしたという。

面白いのは、余呉湖に伝わる日本最古とされる天女伝説である。羽衣を隠された天女は桐原太夫の妻になり、子をもうける（『近江輿地志略』）。やがて天女は天上に去るが、残された子どもこそ後の道真であったとする。この「道真は人間の子ではない」という思想は、『北野天神縁起』に、菅原家に突然幼児が現れ「この家の子になる」と宣言したという話（「幼児化現」）と共通する。

史実かどうかは別にして、この地方が古くから京や菅原家と強い関係があったことを伺わせて興味深い。ただ、残念ながら近江天満宮には狛犬がいない。

話を戻す。長浜から今津にかけての各港も、直接大津とつながる港で、物品交流の大動脈であり、都との関係が強い。近世初期には、三〇万石もの加賀米が敦賀からの七里半街道を通り、海津から大津に運ばれた。加賀藩前田家は、当地通過の時は必ず海津天満宮に参詣している。つまり、大坂との結びつきが強くなる条件が揃っていたのである。

近江第二位の古さを誇る海津天満宮aは丸顔の浪花狛犬である。加茂神社aが少し四角顔の印象を感じさせるのに対して、全くの丸顔である。文政一〇年頃に浪花で造っていた浪花型狛犬そのものである。材料も和泉石と見られ、船で運んできたに違いない。

体長も五六㎝で中型と言えよう。垂れ耳で、特に吽形の獅子鼻は立派である。また、吽形の頭上には〇・五㎝ほどの小さな角がある。性器表現は省略されているが、大坂でもこの頃からなくなる傾向になるので、手抜きをしたわけではない。尻尾も浪花型らしい扇尾になっている。

寄進者名として「吉川吉兵衛」が刻まれている。大坂の商人か、地元の商人かが分からないのが残念だが、いずれにしても大坂と関係の深い商人に違いない。

なお、同社には大正時代に寄進された狛犬もいる。また、平成になってから古代式狛犬も設置されている。

無動寺の弁天堂b

比叡山鉄道（坂本ケーブル）のケーブル坂本駅から十分余りでケーブル延暦寺駅に着く。駅舎は昭和二年（一九二七）の開通時の建物で、国の登録有形文化財に登録されていて、趣がある。多くの人たちが駅前を右にとって根本中堂方面を目指すが、今回は左に取り、鳥居をくぐる。ここに昭和五五年（一九八〇）寄進の狛犬（弁天堂d）がいる。台座にめずらしく対の蛇（白蛇）と宝珠が描かれているので見ておこう。そこから下って行くと無動寺の弁天堂（坂本本町）に着く。このお堂の鳥居前に、古さ第三位の典型的な浪花型狛犬がいる。体長七三cmで、特有の丸い顔をしている。もちろん尻尾は扇尾だ。台座を見ると「文政七甲申八月初三日」の寄進日と共に

京都宮川筋三町目　山城屋吉蔵

の名が彫られている。

宮川は鴨川の美称で、宮川筋は鴨川の左岸（東岸）の四条通から五条通の間を指す。寛文年間（一六六一〜七三）に工事を行い、一〜五町目の新地が出来る。一町目が「石垣町」と呼ばれたことからも、その時の工事の様子が偲ばれる。『京都坊目誌』に、

宮川筋　二町目以南は寛延三年に通ず。宮川は賀茂川の一名なり。遊郭となりしは宝暦元年なりし。

とある。宝暦元年(一七五一)以降は色町となり、八坂神社(当時は祇園社または感神院)参拝客等で賑わう。神社と遊郭の関係は江戸も同じで、浅草の観音参りが吉原(新吉原)参りの口実になるし、品川遊郭へは目黒不動尊が使われる。吉原の敷地の四隅には稲荷の祠があり、郭外の吉原弁財天とともに信仰を集めた。一方、京の島原や大坂の色町では住吉社が信仰されている。恵比寿信仰も盛んだったが、京では弁財天との関係は余り聞かない。色町である上七軒では便所に弁天さんが祀られていたそうだが、場所柄「美人の神様が見ておれますから、外へ零《こぼ》すなどの粗相がないように」ということかもしれない。

弁天さんの元はヒンドゥー教のサラスヴァティーで、水の神様。日本に来て芸能や学問の神と見なされ、琵琶を抱えた姿で表される。室町頃に七福神信仰が盛んになると、その中の唯一の女性神として取り入れられ、財宝神となる。表記も「弁才天」から「弁財天」に変わり「才能」より「財宝」をもたらす神として崇められるようになる。

寄進者の山城屋吉蔵については、江戸期の資料に見つけることが出来なかったが、遊女屋の主人と推定できる。彼は恵比寿さんだけでは満足できず「抱えている生身の弁天さんがもっと稼いでくれますように」との願いを込めて「弁財天」に、当時のはやりの浪花狛犬を寄進したに違いない。御影石の白川型の狛犬にしなかったのは、和泉砂岩のほうが製作費も安くあがるからだろう（なお、当院は明治期に無動寺谷の下からここへ移動してきているので、狛犬さんも一緒に引っ越してきたのであろう）。

考えてみれば、遊女屋の主人が弁天様にお願いするというのは、組み合わせとしてはすごく納得のいく話である。

上笠天満宮と立木神社の狛犬

上笠天満宮（草津市上笠）には、県選択無形民俗文化財の上笠天満宮講踊が伝わる。発祥は江戸初期で、古い芸能の形を留める貴重な民俗芸能とされる。雨乞いの踊りでもあり、農民達が祀っていた神社である。古さ第四位の上笠天満宮ｂは、文政八年の寄進の狛犬で、浪花型とはいえ、顔つき等に一時代前の上宮型の面影が見られる。吽形には摩耗しているが角もある。阿形・吽形ともナツメ型の目が飛び出していて可愛いらしい。尻尾ももちろん扇尾である。興味深いのは、台座に

大坂取次　中村利右衛門

の名があることだ。浪花狛犬の分布を考える時、この「取次」が大きな意味を持つ。古さ第一一位の立木神社ｃ（草津市草津）の天保一二年寄進の狛犬にも次のようにある。

京都 高田氏　取次 勢田屋治郎三郎

こちらは天保以降に見られる蝦蟇型という様式の狛犬であり、先に、大坂の商人が幕末の奈良に大量に寄進した狛犬として紹介した。

「取次」の例として、荒川神社（兵庫県姫路市）に享和二年（一八〇二）に寄進された浪花狛犬の台座を見てみよう。

大坂西高澤住 櫻井屋清兵衛　　世話人 中池村 彦二郎
石匠 大坂西横堀炭屋町 御影屋新三良

この「世話人」は「取次」と同じ用法と見てよい。大坂で商売をしている櫻井屋清兵衛が、大坂西横堀に住む石工の御影屋新三良（「良」は「郎」の略字）に注文して造らせた狛犬を、中池村の彦二郎を世話人（取次）として、同地に鎮座する荒川社に寄進したということである。彦二郎は苗字がないが、世話人をするぐらいだから当地を代表する有力農民か地主であろう。なぜ清兵衛は狛犬を寄進したのか。彼が、旅の途中で急な癪《しゃく》におそわれ、荒川社の前でう

上笠天満宮の浪花型狛犬

ずくまっていると、通りかかった彦二郎が介抱し、境内の神水を飲ませたところ、たちどころに治った。後日、そのお礼として狛犬を寄進したというのだろうか。あるいは、財布を落として困っていた清兵衛の夢枕に荒川社の神が現れ、翌日、そのお告げの場所を探すと見つかった。これで借金も返せる、死ななくてすんだと喜んだ清兵衛が、お礼に氏子代表の彦二郎の了解を得て狛犬を寄進したというのだろうか。いやいや、そんなことはめったにない。理由ははっきりしている。

狛犬寄進者……………大坂の商人
世話人（取次）…………地元の有力者
狛犬…………………………大坂の石工が造った浪花狛犬

このパターンが瀬戸内海沿岸を中心に多く見られるからである。それほどあちこちで癪で悩まされたり、財布を落としたりすることはまずない。

面白い例がある。場所は新潟県長岡市栃尾（旧栃尾市）の秋葉神社で、天保一三年（一八四二）に寄進された浪花狛犬蝦蟇型の台座である。

阿　形：阿州大坂　藍仲間　江之嶋屋利助　灰屋平兵衛　阿波屋喜兵衛
吽　形：富山和兵衛　志摩利右衛門　多田和助　板東安左衛門
世話人：栃尾市郷　紺屋中　栃尾　谷内町中

阿波（現徳島県）の藍は名産としてよく知られており、阿波藩の外貨獲得の重要生産物であった。公称阿波二五万石も、藍などのおかげで実質は四〇万石以上あったとされる。しかし、全国に販売するのには、やはり大坂商人の手を借りなければならない。「阿州大坂」は、阿波国と契約を結んだ大坂の店（仲買人）のことであろう。彼らは、織物の町として知られる越後の栃尾にも、「藍玉」の形で「紺屋中」「谷内町中」に卸していたのである。

お得意先の栃尾の地で、住民らの信仰する産土神の入り口に、「世話人」として名を刻むことで地元の人の顔を立てつつ、大坂商人達が浪花狛犬を寄進する。これほど地元の人に感謝される宣伝方法が他にあるだろうか。「今まで商売がうまくやってこれたのも氏神様のおかげです」という神恩感謝の気持ちが大坂商人にあったことは否定しない。それを前面に出しつつ、自分たちの信用をより強固にする大坂商法の側面も否定できない。

先の荒川社も同じであろう。清兵衛はこの村と取引をしていたのだろう。干鰯《ほしか》などの肥料を売りに来たのかも知れないし、綿や菜種などを買いに来ていたのかも知れない。

文化文政頃から経済活動は活発になる。商品流通が盛んになり、金銭生活が農村にも進入してくる。それを牽引するのが大坂商人であり、産土の神に、地元の有力者を取次とし、浪花狛犬を寄進して村人の信頼を得ていたのではないか。つまり、江戸時代の浪花狛犬の分布は、大坂商人の取引エリアの拡大を如実に表しているのである。浪花狛犬の文化圏こそ、浪花商人のテリトリーを示している。

さて、その視点で上笠天満宮bを見直すと、「大坂取次　中村利右衛門」の意味が見えてくる。実質的な寄進者である中村利右衛門が、ちょっと遠慮して「取次」としているだけであろう。また、立木神社cも、京都の高田氏が、同じ方法で勢田屋（名前からすると大津か草津の商人であろう）の旦那を立てて浪花狛犬を寄進しているのであろう。

狛犬の寄進は、何も純粋な信仰心だけとは限らないことをお分かり頂けただろうか。

話のついでに、大坂商人のバイタリティーについて付け加えておく。

北海道釧路市に幣前橋《ぬさまえばし》という有名な橋がある。最果ての釧路新聞社にまで流れてきた石川啄木が、料亭軍鶏《しゃも》寅の芸者・小奴と出会った場所である。ここから少し海側の高台に向けて進むと、釧路一之宮・厳島神社が鎮座している。参道で、まごう事なき浪花型狛犬が丸い顔をして蹲踞しているのを見た時には、私はたまげてしまった。台座を見てまたびっくり。

元治二年丑七月一五日
の文字。そして、木津屋徳三郎はじめ九名の大坂商人の名前が刻まれていたのである。元治二年とは一八六五年のこと。あと二年で瓦解するとはいえまだ徳川時代である。その時期に大勢の大坂商人が最果ての地にまで来ていたのは決して観光目的ではない。当時の松前藩のアイヌの人たちに対する収奪は苛酷そのものであった。交易場所を限定し、その場を「場所」と呼んでいた。この地も「場所」であろうし、そこで利益をむさぼっていた大坂商人の名前であろう。

北海道では、石狩市の八幡神社で、嘉永三年（一八五〇）に浪花狛犬が寄進されているのを見たことがあった。寄進者は「アッタ御場所 支配人 萬屋長松」。同社内の記念碑に「安政五年（一八五八）、和人初越冬。春から秋にかけて大阪《ママ》を出港し、瀬戸内海を経て日本海を北上する北前船が莫大な利益をもたらせ『弁財船』とも呼ばれた」との旨が書かれていた。近江商人のバイタリティも特筆すべきもので、彼らも蝦夷地にまで足を伸ばしていたとされる。ただ、石狩の辺りで「和人《シャモ》」が初越冬したわずか七年後に、襟裳岬を超えて東に向かい、釧路まで狛犬を運んだのは大坂商人だけだった。現在、松茸から魚介類まで、全世界を廻って食材等を探してくる日本の商社マンスタイルは、すでにその原型が幕末の大坂商人に見られたのである。

「しらしらと氷かがやき千鳥なく釧路の海の冬の月かな」と啄木が詠んだ地で、一五〇年余りも北の海を見ながら静かにほほえみ続けている釧路の狛犬は、歴史のどの教科書にも書かれていない大坂商人の活躍ぶりを我々に伝えてくれているのである。

高岸・諏訪・尾崎神社の狛犬

参道狛犬の最大の役割は、神聖な神社の境内に邪《よこしま》なモノの進入を防ぐ魔除けの仕事であると先に述べた。初期の浪花狛犬住吉型は、いずれも異形の顔で、任務を全うしている。ところが、それ以降、天保・弘化期頃までの流れを一言で言うなら、どんどん可愛くなっていくのである。

しかし、少数派ながらどの世界でも頑なに古風を守る一派がある。近江では古さ第五位の諏訪神社a（東近江市稲垂町）がそれである。細めの顔で、鋭い視線は参拝者の足下をにらんでいる。身体全体が黒みがかっている中で、目尻を釣り上げた目だけが白く光っていて、可愛さなど微塵もない。文政一〇年、鈴村□邑政助（□は不可読の意味）による寄進で、ありがたいことに石工名も刻まれていた。ただ、「石工　西横□（この□は「堀」であろう）和泉」以下が土に埋もれていて読めなかった。西横堀は大坂の石屋が集まっている所であり、その中でも和泉屋はよく知られている。諏訪神社aが浪花から来た狛犬である証拠を雄弁に語ってい

尾崎神社の威嚇の浪花型狛犬

る。

古さ第七位の尾崎神社ａ（長浜市小谷郡上町）は、浪花狛犬が可愛くなるより二昔前の顔をしている。阿形が耳を垂れ、柔和な表情になりつつあるのに対して、吽形は口を一文字に結んだ難しい表情で、耳も立っており、その上五㎝もの太い角が頭上で尖っている（カバー表 尾崎神社狛犬も参照）。「愛嬌の獅子、威嚇の狛犬」と役割分担をしているのかもしれない。寄進者は池田屋勝右衛門・白木屋□兵衛はじめ三名で、おそらく大坂の商人であろう。諏訪神社ａと同じ年の寄進だが、狛犬そのものの製作はそれより以前と思われる。

古さ第五位の高岸神社ａ（東近江市鈴町）になると、獅子、狛犬ともに恐さはなくなっている。ただ、阿形の笑い顔はまだ少しぎこちない。吽形も、怒ってはいないだろうが、澄まし顔で、気を許しているようには見えない。岡村平助と岡村政助による寄進である。御影石で造られているので、金のかかった一品である。

近江にいる全盛期の浪花狛犬

浪花狛犬が可愛くなりきる一歩手前で、強く、凛々しく、たくましく、しかも人当たりの良いという狛犬が出現する。その代表的存在が伊古太神社ａ（兵庫県尼崎市）だと考えているが、それに勝るとも劣らない狛犬が近江にもいる。長濱八幡宮ｂ（長浜市宮前町）であ

長濱八幡宮の堂々たる浪花型狛犬

る。阿形の体長が九六cm、吽形の体長が九八cmと、堂々とした体躯である。御影石製で、見た目にも落ち着きと安定感がある。阿形・吽形ともたてがみが一〇個の渦巻毛とその下に伸びる一〇個の直毛の束で表現されている（「一〇渦一〇毛」と呼んでいる）。吽形は雄で、二・〇cmの角がある。一見すると一本に見える角も、よく見ると長さの違う二本の角となっている。これも浪花狛犬の特徴の一つで、短いながらも枝分かれしていることの表現である。

石で角を造る場合、理屈ではどんな長い角も可能である。しかし、一〇cmの角を造ろうとすれば、それだけ他の部分を削らなければならない。手間もかかり、不経済でもある。そこで大坂の石工達が編み出した、金も手間もかけずに枝分かれした角を表現する工夫である。上から見ると、半径の違う半円同士がくっついている。

大坂の狛犬の角は合理的であるが、見栄えが悪く、しぶちんで吝嗇《りんしょく》でがめついと思ったのが京の石工たちである。京都人はそんなしみったれたことは好まないとばかりに、白川型狛犬には長い一本の角をつけた狛犬が多い。ところがよく見ると、頭の真ん中に穴をあけ、別に造った角をはめ込んでいることが多い。こうなると、どちらがしぶちんか分からなくなるが、京と大坂の石工気質の違いとして面白い。なお、京方式で角を造ると、露座にいるので角と頭の接触部分、つまり接合部が摩耗し、角が取れてしまうこともある。だから、見た目には獅子だが、頭の上を探ると穴が開いていて狛犬であるという場合があるので、大きな狛犬を調査する時は、必ず頭をなぜて確かめる事が肝要である。

古さ第九位の長濱八幡宮bは、大坂の山田仁兵衛他九名の大坂商人が、多分西横堀で造らせ、天保五年に大八車に乗せ、船と牛馬とでここまで運んできたものと思われるので、角ははめ込み式ではない。この狛犬の尻尾は、阿形・吽形とも六つの巻毛と一つの炎のような毛の束に分かれていて(これを「六円一炎峰」と呼んでいる)、浪花狛犬らしい堂々たるものである。

長濱八幡宮bと優劣つけがたい今一対の狛犬が、古さ一〇位の北野神社a(彦根市馬場)である。こちらの体長は阿形が八二cm、吽形が八三cmと少し小さくなるが、角は三cmと長く、たてがみも一二渦一六毛とより複雑になっている。雄の印もこちらの方が一cm長い。長濱八幡宮bより遅れること七年、天保一二年に「油屋町氏子中」が寄進している。

大坂商人が浪花狛犬を寄進すると、近くの町や村も自分の所にほしくなる。つまり、大坂商人による寄進が火付け役となって、今度は村の有力者や氏子有志で狛犬を寄進することになり、寄進ブームが起こってくる。この「油屋町氏子中」の文字がその過程を物語っているように思える。

油屋町は城下町が出来た時に油屋を住まわせたことから付けられた町名だが、後には油屋は二軒しかなかったという（『滋賀県の地名』平凡社）。元禄八年（一六九五）の記録によると、二四種の職業で四一軒あり、内容は塩肴屋・馬喰《ばくろう》・からかさ屋・鍋屋・茶碗屋・古道具屋・表具屋等とあることから、彦根城の大手門の前であり、たいそう賑わっていた場所で、狛犬を設置するだけの経済的な背景があったのであろう。狛犬の台座に「大坂　細工人西川屋弥兵衛」とある。西川屋も著名な石屋である。大坂商人の名前は彫られていないが、町人達が何らかの形で彼らの協力を得て設置したのであろう。

近江一可愛い浪花狛犬

浪花狛犬が本来の使命に反してどんどん可愛くなるのはなぜだろうか。それを考える前に、私が「近江一可愛い浪花狛犬」と太鼓判を押す狛犬の写真をご覧頂きたい。

蒲生野の真ん中、日野川に沿う鈴町に鎮座する神明宮は、境内も決して広いとは言えないどこにでもありそうな社である。ここに天保二年に寄進された古さ第八位の狛犬がにこやかに参拝者を迎えてくれている。体長は七二cm（阿形）・七一cm（吽形）と、浪花狛犬としては平均的な大きさである。これも獅子・狛犬のペアーで両方とも性別不明である。阿形は丸顔であり、頭が円く盛り上がっているのもいい。ナツメ型の目も可愛い。開いた口で屈託のない笑顔を振りまいている。たてがみの巻き毛も、ほっぺたから顎にかけて集中しており、これまた可愛い。獅子鼻もいい。両前足を少し突っ張り、それなりに一生懸命頑張っているようにも見えるが、この童顔で邪なモノを防ぐことが出来るのだろうかと心配になってくる。これは、邪悪なモノと戦う狛犬ではなく、癒し系の狛犬である。

大坂商人が経済圏を拡大し、それぞれの村へ入っていく。村の有力者を世話人として産土の社に浪花狛犬を設置していく。村人にしても、自分たちが崇拝する産土の社、あるいは村祭りや雨乞いでみんなが集まる所に、時代の先端を行く狛犬を設置してくれるのだから、その商人への信頼感は増していく。その時に、一目見て子どもがおびえて泣き出し、夢でうなされるような怖い狛犬を設置したらどうなるのだろうか。

神明宮の可愛い浪花型狛犬

もちろん、村人達に親しまれ、愛され、可愛いがられる狛犬を設置する方がいいに決まっている。魔除けの役割より、「よくお参りくださいました。歓迎します」という熱烈歓迎の役割に変わっていったのだ。だから、どんどん可愛くなっていったと考えればつじつまが合う。私は、浪花狛犬の可愛化傾向は、大坂商人の商法の一つだったと考えている。

看板娘がにっこりと客を迎えるのと同じ商法であり、この方法は現在の各コマーシャルでも使われている。面白いのは、防火・納税・自転車の車両登録等といったお堅い内容の啓発ポスターには、正統派の美人や高嶺の花のような女優さんではなく、親しみやすくかわいらしい、癒し系の女性がモデルとして採用されることが多いことだ。お役所等の敷居の高さを感じさせないための工夫であろう。二〇二〇年の国勢調査のテレビ・コマーシャルでは、戸田愛奈さんが「国勢調査が始まりますよー」と呼びかけていた。愛奈さんと狛犬さんとを同一視するつもりは毛頭ないが、生き馬の目を抜くような得体の知れぬ大坂商人が素朴な村人たちにすんなり受け入れてもらうための工夫としては、結局同じことなのだと思えて仕方がない。

第五章　近江の幕末の狛犬たち

近江は浪花狛犬文化圏

近江で江戸時代に寄進されたの狛犬は、全てと言っていいほど浪花狛犬だ。最古の加茂神社aは地元出身の個人による寄進と思われるが、その後、大坂商人たちが地元の有力者の協力を得て設置し始める。それまで、狛犬は神殿内にいるものと思い込んでいた村の人々にとって参道狛犬は新鮮な驚きだったに違いない。親しみのある丸顔は村人達にも可愛がられたことであろう。

「おらが村の狛犬」は自慢の種であり、隣村の人々の嫉妬の的である。最初は「狛犬は陣内にいるべきだ」と言っていた人たちも、心の中では「おらが村にも」と思っていたに違いない。この村同士の対抗意識が村の文化を発展させていく原動力になる。江州音頭などの盆踊り唄も、雨乞い祈念の踊りなども、元は素朴なものであったはずだ。最初に何処かの村で太鼓が導入されると、やがて一斉に広まる。華やかな飾り物をつけて踊るのも、村同士の対抗意識があってこそ国内各地に広がり、今も重要な民俗行事として伝えられてきている。

最初は大坂商人が導入した狛犬も、こんどは各村の意志で導入するようになる。村の有力者か、氏子組織による寄進である。面白いのは、村の若者たちによる寄進が各地でみられることだ。やはり新しい文化の導入の先頭に立つのはいつの時代も若者達である。年寄り連中とかけあって、若者頭が「若い者だけでやりますが、あとで文句は言わんといてくださいよ」と村の長老に認めさせた歴史の一こまがあったと想像すると楽しい。

八幡神社の凛々しい浪花型狛犬

八幡神社（大津市南小松）に安政七年（一八六〇）春に設置された同社aの狛犬の台座には「若連中」の名前が誇らしげに刻まれている。浪花系狛犬だが、他に例を見ないほどスマートで精悍な印象である。「半七・喜六」という石工名も刻まれている。画一的で大量に造られた狛犬には石工名を刻むことが少ない。刻むとしても「和泉屋」「御影屋」などの屋号つきである。その中で個人名を刻んだこの二人の石工は、自分たちの腕に自信と自負があったと思われる。木製の陣内狛犬の良さを取り入れた名品である。

当社の隣村に**樹下神社**《じゅげ》a（大津市北小松）がいる。なんとこの狛犬の寄進日が、隣の八幡神社aが寄進される丁度一年前の安政六年（一八五九）三月である。こちらは個人による寄進であり、浪花型狛犬でそれなりに愛らしいのだが、素朴な印象の強い狛犬である。

この二対を比べると面白い。八幡神社aの洗練された印象と、樹下神社aの素朴朴訥な印象とは対称的である。前者が獅子・獅子であるのに対して、後者は獅子・狛犬である。前者が両方とも垂れ耳であるのに対して、後者は垂れ耳・立耳になっている。前者の台座には唐草模様しか刻まれていないのに対して、後者には格子模様に雲まで描かれている。要するに、八幡神社の若者達は、徹底して樹下神社の狛犬と対抗した作品を半七と喜六に注文したに違いない。私は、前者の寄進日が「三月」なのに対して、後者をわざわざ「春」と彫らせた若連中たちの徹底した競争意識に笑い転げてしまった。

寛永一五年（一六三八）に北小松村と南小松村との間で村内の葭場をめぐって争論があったのだが、この村同士の対抗意識が背景にあったのかも知れない。いずれにせよ、後から造る方がより工夫が出来るのは当然で、これは各地でよく見られる。

稲荷神社の狐さんはどこの稲荷社でもほぼ同じ姿をしている。下手に姿を変えると狐に見えなくなるからだ。ところが狛犬はモデルを実見した人はいないので、想像していろんな形に彫れる。多様性が許容されているから、この二社のように、同じ狛犬でも全く違う狛犬が出来上がる。

ただ、この二社の狛犬が違うといっても、浪花の狛犬であることに違いない。つまり、近江の江戸時代の狛犬は、浪花狛犬という範疇内での多様性である。その意味で、近江の国は「浪花狛犬文化圏」に属していると言える。

愛嬌のある浪花型狛犬

大坂を代表する浪花型狛犬には、貫禄系・愛嬌系・強面《こわもて》系・素朴系・気弱系などと名づけたくなるほどの多様性が見られる。製作者が大坂西横堀の石工に限らず、各地の石工がそれらの真似をし、自分なりの工夫も加え出すので、多様化の傾向に拍車がかかったのであろう。初期の獅子・狛犬、不明・雄の浪花型のパターンも崩れ出し、獅子・獅子、不明・不明の組み合わせも増えてくる。ただ、「右が阿形・左が吽形」「尻尾は扇型」のルールは頑なに守られていくことになる。

天保期を頂点として「可愛い狛犬」が増殖する。**弁天堂**e（大津市阪本本町）もその一つ。ケーブル延暦寺駅から右にいくと、すぐ「西尊院堂すぐこの上」という標石がある。矢印にしたがって山道を登っていくと、比叡山ドライブウェイにぶつかる所（西参道入口）にいる。弘化二年（一八四五）の寄進で、伊勢屋惣七他一三名が「誠水（永？）中」の名前とともに刻まれている。吽形の少し上を見上げたような表情がよい。尻尾も四円七炎峰の安定感のある尻尾で、浪花型の代表的な様式である。この狛犬にちょっと愛嬌を加えたのが**日枝神社**a（長浜市下之郷町）で、嘉永元年（一八四八）の寄進。吽形の出来は良く、整った思索深げな表情である。口を少し開けすぎた阿形には愛嬌がある。

同じ長浜市で先の日枝神社のすぐ近くに**日吉神社**（長浜市国友町）が鎮座する。社伝によれば創建が平安中期にまで遡る古社である。国友町は戦国期には鉄砲の生産で有名となり、当社も名だたる武将等から多くの寄進を受けてきた。ただ、太平の世では消費が少なく、経済的には苦しくなっていく。嘉永六年（一八五三）に寄進された日吉神社aの台座には「平口住　川口」と読めるであろう字が刻まれていた。「平口」がどこかは分からなかったが、書きぶりからして近くの住民であろう。この狛犬、体長が六八㎝とまずまずの大きさだが、その三分の一は頭部である。言い換えれば三等身だ。目玉がピンポン玉のようにまん丸で、無意識で開けたような口をしている。どこから見ても子ども顔である。足首まで、昔の漫画に出てくるような丸みを帯びた形をしている。この顔を見てほほえまない人はまずいないと思えるほどの愛嬌のある顔である。

目玉の大きさでは**田村神社**b（甲賀市土山町北土山）も負けてはいない。こちらは体長が

樹下神社の愛嬌ある浪花型狛犬

八六cmもあり、三等身だが、目玉はピンポン玉より大きい。安政四年（一八五七）に地元の太郎左ヱ門と松山の佐平治が寄進している。どう見ても楽しい狛犬で、本人は一生懸命に真剣な顔をして威嚇し、頑張っているつもりだろうが、怖さは全くない。

樹下神社ａ（大津市木戸）も楽しい顔をした愛嬌たっぷりの狛犬である。阿形は、指名された小学生が自信のないまま答えたら先生に大変褒めてもらった、というような嬉し恥ずかしの顔をしている。一方、吽形は、自信を持って答えたのに簡単に「間違いです」と先生に切り捨てられた時のような顔をしている。不思議なのはこの狛犬の前足である。膝に当たる部分が窪んでいて溝が一周取り巻いているように見える。木製の操り人形の足のようであり、これでは跳躍力は期待できないであろう。嘉永元年（一八四八）、当村の打見彦兵衛による寄進。幕末の寄進者には、農民であっても姓が付く名前が増えてくる。全員が苗字帯刀を許されたとは思えないので、屋号かも知れない。いずれにせよ、正式には明治になって許される姓も、実際にはそれに匹敵するものが幕末には多く使われていたように思える。

大田神社ａ（高島市新旭町太田）の狛犬もまん丸い目をしているが、樹下神社ａのように飛び出していないので、見ていても違和感はない。弘化四年（一八四七）の寄進。御影石製で、整ったたてがみの毛の筋が美しい。上下に開けた阿形の口元に何とも言えない愛嬌がある。やっぱりこのような愛嬌のある表情が浪花型狛犬の魅力でもある。

古風な味のある浪花型狛犬

嘉永六年（一八五三）七月八日、ペリー提督率いるアメリカ東インド艦隊が浦賀に入港すると幕末と呼ばれる時代に突入する。安政七年（一八六〇）三月三日、桜田門外で大老井伊直弼が暗殺され、歴史は急激にスピードを早め、幕府瓦解へと突き進む。元号も、万延・文久・元治・慶応と短期間でめまぐるしく変わる。

日吉神社の古風な浪花型狛犬

風雲急を告げる世情の流れが狛犬にも影響を与えたのか、それまでの「可愛いい狛犬」を目指す流れにブレーキがかかり、新種が登場したり、古風な狛犬が復活したりする。

たとえば、古風な面影を残す**日吉神社**b（東近江市今崎町）。文久三年（一八六三）に向善吾郎が「海上安全・初老厄除」の祈願を込めて寄進している。ふっくら気味の身体に小さな頭部で、阿形は余裕のある笑い顔である。それを満足げに眺めている吽形の頭に円い物がのっている。角というよりこぶのようにも見えるが、宝珠であろう。些細なことは気にせず何でも飲み込んでくれそうな懐の深さを感じさせる吽形である。

高宮神社b（彦根市高宮町）は、古風で融通性に欠け、芯から実直な性格であると感じさせられる。一昔前の質屋の番頭のイメージだ。阿形には、ただ口を開けているだけでしまりのないものもいるが、これはしっかりと吼えている姿である。吽形のきっちりと閉じられた波形の唇から犬歯が二本見えるのも魔除けの力を感じさせてくれる。阿形・吽形とも扇尾の炎峰の先が後方に靡くように伸びているのもよい。中北町の氏子たちによる安政三年（一八五六）の寄進である。

田中神社a（高島市安曇川町田中）は万延元年（一八六〇）の寄進。すぐ横の塀に遮られて顔がよく観察できないのが残念だが、横顔からだけでも、今まで喧嘩で負けたことがない番長のようなふてぶてしさが感じられる。台座には寄進した二人の名前と共に「平成御成婚記念・大澤講一同」の文字もある。後に狛犬を修理した人たち、あるいは移転させた人たちの名前を刻み加えたのであろう。

威厳のある堂々とした風貌の狛犬としては、**三尾神社**ａ（大津市園城寺町）と**樹下神社**ａ（大津市山中町）が挙げられる。前者は文久二年（一八六二）、後者は翌文久三年（一八六三）の寄進である。前者は阿形に二二本の歯があり、吽形にも一五本の歯がある。阿形が犬歯二本と臼歯二〇本だから、食生活は雑食系であることが分かる。吽形の方は一五本とも犬歯であるから肉食系であろう。よく考えてみればしっかり口を閉じた吽形の口から歯が多数見えるというのも不思議なのだが、狛犬世界では誰も疑問に思わないほどの常識である。

品格のある浪花型狛犬の正当派としては、まず**新宮神社**ａ（草津市野路町）を挙げたい。元治元年（一八六四）に、京の木村氏と荒馬安五郎ら地元の多数の人たちによる寄進である。

新宮神社の上品な浪花型狛犬

和泉砂岩で造られた気品のある表情で、上品な印象を受ける。吽形の三㎝ほどの角も、左右に分かれて伸び、立派な二角になっている。今一対は、万延元年（一八六〇）に寄進された**平野神社**ａ（大津市松本）で、寄進者は「木屋藤八・妻たみ」と彫られていた。夫婦連名の寄進は江戸時代では珍しい。顔の作りもたてがみの巻き毛も大柄な作りで、こせこせしない所が良い。前足の表現も力強い。石工名は米屋幸兵衛（?・）と読めた。

個性的な浪花型狛犬

一方、浪花狛犬をまねて地元の石工が作り出したであろう素朴な味の狛犬も登場する。**志呂志神社**a（高島市鴨）は、嘉永七年（一八五四）の寄進だが、素朴な味があり、阿形はなんとなく笑っているような表情である。吽形も漫然と座っているようで、狛犬の神聖たる使命感などあまり感じられない。長閑《のどか》で良いのだが、やはり石工の腕がまだ熟していなかったためであろう。

小槻《おつき》神社c（草津市青地町）は慶応三年（一八六七）の寄進。御影石で造った狛犬で、獅子・狛犬のルールを遵守し、浪花型の特徴を残してはいるが、扇形の尾も少し縦長に伸び、身体全体の彫りも雑に感じられる。**松尾神社**a（高島市黒谷）も、たてがみの巻き毛が省略されすぎた感じで、直毛も立体感が弱く、身体に線刻したような印象だ。せっかく村の若者（寄進者名が「若中」）が寄進したのに、残念ながらその情熱が余り感じられない狛犬になってしまっている。寄進は元治元年（一八六四）である。また、**八所神社**a（大津市南船路）は安政四年（一八五七）の寄進。摩耗しにくい御影石で造られているが、環境が厳しすぎたのか、たてがみなどの毛なみが薄くなっている。これらの三対に共通するのは、前足の処理である。

ただ突っ張っているだけで動きが弱い。このあたりに石工の腕の違いが現れてくる。何でもそうだが、「個性的」というものの多くは試行錯誤の途中であり、なかなか名作は現れにくい。

大濱神社a（東近江市伊庭町）は文久二年（一八六二）の寄進。近江にいる四〇対の江戸時代の狛犬の中で、唯一浪花式狛犬とは言い難い狛犬である。現在は身体の石の表面があちこち剥がれていて痛々しい。尻尾も扇形ではない。他に類例がないという意味では個性的であり、稚拙だが愛嬌は十二分にある。阿吽とも、右前足を少し上に上げ、足先を浮かせているが、何のためにそうしているのだろうか。同じように前足先を浮かしている狛犬が大津市京町の**天孫神社**にもいる（天孫神社b）。明治二年（一八六九）に京都の福田氏と安森氏が寄進した狛犬だが、神主さんに尋ねると「元は玉があったのが壊れてしまいまして」ということだった。台座との隙間からして直径一一cmの玉だったようだ。こちらもそうかもしれないが、謎である。

長寸《ながき》神社a（蒲生郡日野町中之郷）も、浪花狛犬の様式から離れつつある狛犬である。阿形の顔が菱形のようになっていて、身体とのバランスが危うい。獅子・狛犬、扇尾のルールを守って石工さんも一生懸命に彫ったのだろうが、立体を表す彫刻の難しさを感じさせられる。寄進は安政二年（一八五五）、地元の□□兵衛による奉納である。

貴布禰神社《きふね》a（高島市安曇川町四津川）は弘化三年（一八四六）、若連中による寄進である。珍しく、背筋の線が途中で凹《へこ》んでいる。こうすると胴長に見え、躍動感がなくなる。前足が短く細い。ただ、阿形のびっくりしたようなひょうきんな表情は見た者を幸せな気分にさせてくれるところがよい。

慶応二年（一八六六）寄進の**和田神社**a（大津市木下町）は、坂元屋九右ヱ門の寄進で、石工名は「嘉七」か「喜七」のどちらかだろう。浪花型の姿をしているが、尻尾だけは扇尾になっていない。お尻から上に伸びた尻尾が、左右に分かれ、その上で九つに分かれて背中に向かって伸びている。この形から北斎の傑作ビッグ・ウエーブ（神奈川沖波裏）の波頭を連想したので、私は「二分立波峰」と名づけている。新しい狛犬を創り出そうとする石工の工夫から生まれた狛犬であろう、浪花式では他に例を余り見ないので、特に個性的な浪花狛犬と位置づけている。

蝦蟇型と八重垣型の浪花狛犬

先にも触れたように、幕末になり、浪花狛犬は新しく二種類の様式を生み出す。一つは、叶形の顎の形から蝦蟇型狛犬と私が呼んでいるものであり、かなり大量に造られた。近江にも五対来ているので、時代順に見ていこう。

小川原神社の狛犬の扇尾

春日神社の顎の張った蝦蟇型狛犬

最も古いのが先に紹介した**立木神社**cで、天保一二年（一八四一）の寄進。大坂で一番古い蝦蟇型狛犬が天保七年（一八三六）だから、その五年後には近江に来ていることになる。

次いで、**大津大神宮**a（大津市小関町）で、嘉永元年（一八四八）、堅田屋半兵衛や近江屋三四郎など四名が、講中安全を祈願して「梅寿講」の名で寄進している。三対目は、甲良町小川原の**小川原神社**aで、嘉永三年（一八五〇）の寄進。こちらの寄進者は北村氏ら三名。四対目が**春日神社**a（彦根市松原町）で、氏子中が嘉永五年（一八五二）年に寄進した。最後が同じ彦根市の**新神社**a（岡町）で、嘉永六年（一八五三）に大橋町の若連中による寄進である。

蝦蟇型狛犬は、体長こそ八四cm（新神社a）から五三cm（小川原神社a）までとまちまちだが、顔だけでなく、獅子・狛犬、垂れ耳・垂れ耳の形式も共通している。たてがみの八渦一〇毛も同じ。扇形の尻尾が七本に枝分かれし、巻き毛の先が六本、炎状の先が一本というのも同じ。吽形の頭上の角が、大きめの半円と小さめの半円とをくっつけて二角であることを表していることも、その高さが一・五cm程度であることまで同じである。形式化・画一化している中で、殆どが性別不明であるにもかかわらず、わずかに、立木神社cの吽形が雄、新神社aの阿形が雄であることがが目立った「個性」と言えそうである。

さて、旧朽木村（現高島市）の中でも中牧は最も奥深い所である。国道三六七号線を、花折峠から安曇川に沿って下り、葛川梅ノ木町から久多川に沿って西に入り、途中から針畑川に沿って北上する。細い道を行くと、小川・平良・桑原の集落がとぎれとぎれに現れ、古屋を過ぎるとやっと中牧に到着する。明治一一年（一八七九）に中牧村となった集落だが、当時の戸数は二〇戸、人口が一〇一人、牛が一五頭と記録されている。現在は過疎化が急速に進んでいるが、ここに鎮座しているのが**大宮神社**である。私は誰もいない境内に入り、ここへ来るまで対向車がなかったことをまず神様にお礼申し上げた。そして狛犬を見てびっくり仰天してしまった。私が浪花狛犬八重垣型と呼んでいる狛犬で、台座には「天保一四歳癸卯八月吉日」「氏子中」と書かれていた。近江で一二番目に古く、体長も七〇cmもある立派な狛犬が、はるばる大坂からこれほどの山の中にまで運ばれてきたことに感動してしまったのだ。

浪花狛犬八重垣型は大坂に一三対現存していて、最も古いのが能勢妙見宮ａ（大阪府能勢町）で文政一〇年（一八二七）の寄進である。天保一四年（一八四三）以前の同型狛犬は大阪府内でも五対しかいない。当時としては流行の最先端の狛犬が朽木に来ていたのだ。

八重垣型狛犬は、私にとって思い出深い狛犬である。狛犬調査を始めた頃、京都の今宮神社（北区紫野）の神殿前でこの狛犬に出会った。体長が一一三cmもある巨大狛犬で、嘉永五年（一八五二）の寄進。大坂の道修町三丁目に住む小西一道が、大坂長堀十丁目の石工・淡藤に彫らせて京まで運んできていたのだ。京では珍しい姿の狛犬で、常に気になっていた。

大宮神社の八重垣型狛犬

大阪府内の調査で同じ様式の狛犬を発見し、調べてみると、なんとそのモデルは出雲にいる狛犬だったのだ（第八章で触れる）。この様式の狛犬としては八重垣神社（松江市）のが古くて有名なので、八重垣狛犬と呼んでいる。それを模倣・改良して大坂の石工が造ったので、浪花狛犬八重垣型と命名した。今宮神社ａは、「出雲の狛犬をまねて大坂の石工の淡藤が彫ったものを京まで運んできた」というルーツを突き止めるまでに二〇余年かかったのだった。

大宮神社aは、八重垣型らしく、台座に大きく牡丹が描かれている。

朽木の氏子中が寄進したと台座にあるが、その仲立ちをしたのは大坂の商人に違いない。中牧と大坂との関係は、もちろん材木であろう。朽木という地名からして、「木《く》＋つ（助詞の「の」と同じ）＋き（「所」）」、つまり「（よい）木の多い所」という語源説があるぐらいだ。ここで木を切り、地元のシコブチ神に見守られた筏師たちが針細川・久多川・安曇川と流し、琵琶湖から大津へと運んでいったのであろう。

大宮神社aは、朽木村と大坂商人の結びつきを語る歴史の貴重な証人である。

その他の江戸時代の狛犬

ここまで江戸時代に近江に寄進された狛犬を紹介してきたが、実はまだまだいる。

大津祭で知られる天孫神社（大津市京町）に狛犬は二対いて、一対は先に紹介した「前足を浮かせた狛犬」である。ところが拝殿の中を見ると、文政期頃の作と思われる典型的な浪花型狛犬がいた。お尋ねした神官は若い方でご存じなかったが、かつて境内にいたものを室内に移したに違いない。参道狛犬が陣内狛犬になったのだ。また、**龍田神社**（東近江市五個荘竜田町）にも、天保期頃作の陣内狛犬がいる。このような陣内狛犬は私が調査対象にしていないだけで、他にもいるはずだ。

また、**大荒《おおあら》比《ひ》古《こ》鞆結《ともゆい》神社**（高島市マキノ町浦）にいる狛犬は昭和一八年（一九四三）年の寄進だが、台座には、「天保三年一一月寄進の狛犬を大東亜戦軍需資材として昭和一七年一〇月に供出した」と書かれていた。先代は青銅製であったのだろう。戦争中、武器生産に必要な金属資源の不足を補うため、金属回収令が出され、その対象となったと思われる。

寄進年が刻まれていないので確定できないが、江戸時代の浪花狛犬と思われる参道狛犬も、県内で少なくとも五対以上はいる。

先に白川型として紹介した**唐崎神社**ａも文政期頃の作と考えられる。**関蝉丸神社下社**ｂ（大津市逢坂）も浪花型狛犬であり、名品である。寄進者名が「北上古□町住 西邑弥兵衛」と刻まれているのに、寄進年がないのは残念なことである。多分、天保期の作と思われる。**天満宮**ａ（守山市守山町）の台座も「西座 昇進社」との寄進者名が刻まれているだけである。顎の張った蝦蟇型狛犬で、弘化期頃の作であろう。**和田神社**ａ（長浜市南浜町）と**天満宮**ａ（高島市安曇川町五番領）とは、それぞれ体長が三九cmと三六cmと小型で、装飾の少ない素朴な狛犬だが、双方とも丸顔でしっかりした扇尾があり、嘉永期頃の浪花型狛犬ではないかと推測している。**國《くに》狭《さ》槌《づち》神社**ａ（高島市安曇川町下小川）も素朴な彫りで、これも尻尾が扇形である。吽形の頭上が凹んでいるのは、かつてあった角が取れたのであろう。浪花狛犬の様式が崩れ始めている姿で推定が悩ましいのだが、幕末から明治初期にかけての狛犬と思われる。

なお、幕府が瓦解し明治新政府になった途端に狛犬の様式が変わるということはあり得ない。しばらくは旧来の浪花狛犬が造られ、寄進されていく。琵琶湖の湖中に立つ鳥居で有名な**白鬚神社**（高島市鵜川）の南参道入り口にいる狛犬は、どこから見ても正統な浪花型狛犬であるが、惜しいかな明治二年（一八六九）の寄進になっている。また、新神社b（彦根市岡町）も体長が八八cmもある立派な浪花型狛犬だが、寄進が明治六年（一八七三）となっている。**大隴神社**《だいろう》a（愛知郡愛荘町長野）も体長八四cmの立派な狛犬である。こちらは蝦蟇型狛犬で、寄進は明治一七年（一八八四）。明治二五年（一八九二）になっても、蝦蟇型狛犬が**三ノ宮神社**（長浜市南高田町）に奉納されている。

しかし、浪花狛犬は徐々に姿を消していき、新しい様式の狛犬が広がっていくようになる。狛犬の世界にも栄枯盛衰があるのだ。

第六章　名工・丹波佐吉の狛犬

日本一の石工

幕末の大坂に丹波佐吉という石工がいた。彼は、文化一三年（一八一六）に現在の兵庫県朝来市で生まれた。幼い頃に孤児となり、たまたま同町を訪れていた石工・難波伊助に拾われ、柏原町（現丹波市柏原町）へ連れて行かれる。伊助の下で五歳から石工修業に励むが、故あって二〇歳の頃に家を出て大坂に移る。そこで仲間から技比《わざくら》べを挑まれた佐吉は石で尺八を作る。それが御所に献上され、時の孝明天皇から「日本一の石工」と賞賛された。その後多くの名品を残すことになる。

彼の生涯は金森敦子著『旅の石工　丹波佐吉の生涯』（法政大学出版局）等にも詳しいのでそちらを読んで頂きたいのだが、金森氏は次のようにも描いている。

天皇から日本一と称されたこと、名家の血を引いているということが、石工佐吉の一生を少しずつ狂わせていくことになる。微に入り、細に亙《わた》る佐吉の石彫りは、ほとんど他に類をみない狂気じみたものになってゆく。他の石工では絶対彫れないものを、佐吉は造らなくてはならなかったのだ。髪の毛で掃いたような細かな細工をして佐吉は日本一の腕を証明しようとした。

金森敦子『石の旅―野石・石仏・石工たち』

私は、この「狂気」が彼の作品を理解するキーワードだと考えていた。前著で「彼は一生、日本一に匹敵する作品を造り続けなくてはならなくなったのだ。世間からの要請というより、彼自身が納得できるだけの作品を常に追求しなくてはならないという無限地獄に入り込んでしまうのだ」と書いたが、近江で佐吉の作品を「発見」するなどして、見方が変わった。

佐吉には、頑固で、仕事の上ではいっさいの妥協を許さない天才肌の職人のイメージがある。彼の最期について、金森氏は「晩年梅毒を病んだ佐吉は大和の山中で野垂れ死にしたらしい」としている。史実かどうかは分からないが、「破滅型の名人」としてそうあってほしいという気もしてくる。その方がドラマとしては作りやすい。また実際にドラマ化もされており、佐吉ファンは全国に多く、作品巡りをしておられる方も少なくない。

しかし、佐吉の作品には「狂気」とは別の側面もあったのだ。

佐吉が造った参道狛犬

佐吉の造った狛犬は、佐吉狛犬の研究家でもある磯辺ゆう氏によると二〇対が確認できるという。

さて、自慢話に聞こえたら申し訳ないのだが、私はその中の三対を「発見」している。ただし、厳密に「新発見」と言えるかどうかは怪しいので、発見という文字に「」をつけた。少なくとも、世間に殆ど知られていない時に見つけ、紹介したことは間違いない。次の三対である。

① 摩気《まけ》神社a　京都府南丹市園部町　寄進年不詳
② 春日神社a　奈良県橿原市醍醐町　安政三年(一八五六)寄進
③ **天神社**a　滋賀県東近江市佐野　弘化四年(一八四七)寄進

またまた自画自賛的で面はゆいのだが、①と③の「発見」は、佐吉研究史上大きな意味を持っていると自負している。

もちろん、東近江市佐野の天神社に狛犬がいることは古くから知られていた。東近江市能登川博物館「第七二回企画展　石造物でめぐる東近江」にも「東近江市能登川地区最古の狛犬」として挙げられていたという(磯辺氏による)。ただ、同書では石工名を「灰屋幸助」としており、佐吉とは結びつけていなかった。私はそれを結びつけただけで「佐吉狛犬大発見」とうそぶいているのである。

東近江市能登川博物館の学芸員の方々が佐吉作と気づかなかったのには理由がある。

天神社ａの台座には

弘化四歳丁未十一月吉日　朝日構　（阿吽あわせて十五名の寄進者名・省略）

作師　照信　花押《かおう》　石工　灰屋幸助

と刻まれている。この「照信」が佐吉のことである。「花押（華押）」は、署名の代わりに使用される記号や符号のことで、テレビの時代劇等で、武将たちの書状の最後の方に書かれているのでご存じの方も多いと思う。それぞれの署名が次第に図案化していき、個性的になっていくので、誰の文章かを花押が保証することになる。その人を表すための独特のサインとも言えよう。佐吉はその作品の殆どにこの花押を刻んでいる。花押を刻む石工など、私は他に知らない。このあたりが、日本一の自負の現れであり、孤高の生涯を送らざるを得なかった佐吉らしさでもあろう。

天神社の佐吉狛犬の阿形

灰屋幸助の名前は近江の他の狛犬の台座に見られないので、何者なのかは推理していくしかない。石工であることは間違いないのだから、問題は佐吉との関係である。

台座を見ていると気になることがあった。同時代の作と考えられる摩気神社aには、狛犬像と同じ石で造り一体になっている一番上の台座の裏側（参拝者から見て）に、佐吉の名前と花押が大きく彫られている。ところが、こちらの一番上の砂岩系の台座には格子の付いた窓の模様が描かれ、直ぐ下の大きな御影石の台座の正面に照信と刻まれている。それも、大きく「朝日構」と彫られた左横のせせこましい場所である。一方、台座の裏側のゆったりとした所に堂々と灰屋幸助の名前が刻まれている。これなら誰が見ても幸助の作と思ってしまうに違いない。

天神社の佐吉狛犬の吽形

二人の関係としてまず思いつくのは、佐吉の弟子で共同製作者の石工とする考えである。仏師もによく見られるが、運慶・快慶作として知られる東大寺南大門の仁王像も、彼ら二人だけで短期間に出来るはずがない。仏師達の工房があり、彼らを指揮したのが運慶たちである。天神社ａも、肩書きが、佐吉＝作師、幸助＝石工　となっていることからその可能性も見えてくる。しかし、佐吉という人物像から考えて、彼が技術的に見下していたであろう人物と共同製作するとは考えにくい。手伝った弟子がいた所で、その名前を一緒に刻むなど、彼のプライドが許さないに決まっている。やはり、弟子と考えるのは難しい。

佐吉が石像を製作する時、現地に行くことが多い。奈良県宇陀市に多くの作品が残っているが、当地に三年間以上いたことが確認されている。しかし、近江に来ていたという痕跡は見つかっていない。あるホームページに「近江で佐吉の狛犬が発見されたので、彼は近江にも行っていた」と書いている人がいたが、勝手な想像でしかない。

天神社ａの同じ台座に二人の名前があるのだから、どちらかが彫ったことになる。当然、佐吉ではあり得ない。となれば幸助でしかない。佐吉は微にいり、細にいる技巧を目指すため、もっぱら砂岩系の石を愛用している。この台座は御影石である。つまり、佐吉は狛犬だけを彫り、台座は地元の石工に任せたのではないか。

佐吉は、何らかのつてを頼って依頼に来た朝日構（「朝日講」の意味であろう）の人々の要望を受け入れ、狛犬造りを承諾した。但し、時間的な理由からか、台座は地元の石工が造るという約束をしたのだろう。台座だけ地元で造るというのは珍しくない。狛犬本体は石工の力量によって作品の優劣が決まるが、台座の多くは単純で大きな長方体である。それをも運ぶとなれば運送費もかなり嵩む。いきおい地元の石工に任せてしまう。佐吉は、一番上の台座に模様を入れたため、名前が刻めなかった。そこで、「下の台座にこのように彫るように」と指示したのだろう。浮世絵の版画と同じで、原稿さえ送れば地元の石工でもその通りの字が彫れる。

幸助は佐吉の名前を知っている。憧れの的だったと仮定すると、その佐吉の狛犬を置くための台座を作らせてもらうだけでも有頂天だったに違いない。佐吉の指示書には、地元の石工名を刻む場所など指定していなかった。佐吉なら当然無視しただろうし、刻むとは思ってもいない。幸助は佐吉と一緒の仕事ができたことを何とか後世に残したいと思い、自分の名前を勝手に刻んだというのが私の最初の推理である。

しかし、石工名を刻む場所としては「指定席」である台座の裏側に堂々と幸助の名前が刻まれているのを見て、そうではないと思えてきた。幸助は佐吉に対する強い嫉妬心を持っていたのではないか。自分の力量は地元からも佐吉からも軽視されている。佐吉への礼金とは比べられない低賃金で縁の下の力持ちのような地味な仕事をさせられる。幸助もプライドだけは佐吉に負けないいほど強かったのだろう。だから、佐吉の名前を狭い所に刻み、朝日構の人々を「正面に彫りました」と納得させる。もちろん、当時のことだから佐吉がわざわざここまで見に来ることはまず考えられない。もし来たとしても、一応台座の正面に彫ってある。当時も現在も石工名を台座の正面に彫る例など聞いたことがない。

そして、狛犬までをもあたかも自分の作品であるかのように、台座の裏側に堂々と「石工　灰屋幸助」と刻んだのであろう。彼の「策略」はまんまと成功し、百数十年後の学芸員さんさえ騙せたのである。

「照信」の名を知らない人は、「作師」が、他に例を見ないほど大きく刻まれた「朝日構」の独特の文字の揮毫者か何かで、狛犬は「石工」が彫ったと思い込んだのも仕方がなかった。だいたい、狛犬に名を刻むだけのプライドを持った石工でさえ、ほとんどは肩書きを「細工人」「石工」と書く。佐吉が「作師」という、日本一に相応しいと彼が考える珍しい称号を使ったのも誤解の元になったのである。

これが最も納得出来る推理だと私は確信している。

二系統ある佐吉の作品

三重県亀山市関町の観音山（二二四ｍ）には、西国三十三所霊場観音菩薩石仏群がある。三三体のうち、二八体が佐吉作とされている。安政元年（一八五四）からここに住み込み、三年間かけて製作したのだ。もちろんここでも「照信」の名と花押とを刻んでいる。

現在は公園化していて、廻るのにも気持ちの良い場所だが、それ以上に佐吉の観音様の表情に心が和む。気品のある崇高さが伝わってくる。特に一一番札所「上醍醐寺・准胝観音菩薩像」は私のお気に入りだ。仏様のお顔もいいが、下から手を伸ばして蓮座を支えている龍王像は、人の姿と龍とが一体化している不思議な像で、彫りも装飾も見事である。細かな細工がこれでもか、これでもかというほど施されている。まさに「狂気じみた」執念である。このような技巧をとことんまで追求するのが、佐吉の目指す方向である。

狛犬についても同じことが言える。②の春日神社ａにもその拘《こだわ》りが見られる。たてがみの毛筋のそれぞれに工夫がされている。毛先の微妙な角度は見事である。前足にしても、少し弓なりにしているのは他に例が少ない。静かに威嚇する迫力は、魔除けの役割に相応しい。彼は細部にこだわる。しかし、大胆に処理する部分も作る。そのバランスがいいので、細かい工夫を多くしても全体としてのごたごた感がない。まさに名人芸である。

春日神社の佐吉狛犬

佐吉の初期の狛犬は、奈良県宇陀市の八王子神社ａで、嘉永五年（一八五二）の作。彼が三七歳の時の作品である。一方、後期の狛犬は奈良県生駒郡斑鳩町の神岳神社ａで、文久三年（一八六三）

の作。佐吉は既に四八歳になっていた。春日神社aは安政三年だから、佐吉は四一歳で、丁度その中間に当たる。力量的にも充実した時期であり、彼の代表作の一つと言っても良いと考えている。

一方、佐吉には、不必要な装飾を取り除き、シンプルで大胆な形に像を仕上げるという方向をも目指していたように思われる。宇陀市の特源寺に佐吉作の布袋像が残されている。目を細めて大きな袋にもたれかかっている布袋さんの像である。布袋さんが持つ大きな袋の結び目の布の先が左右に分かれ何筋もに伸びていく様子など、布のしなやかさを感じさせる。大きなお腹の布袋さんの表情がこれまた良い。禅宗でよく言われる「吾唯《われただ》足ることを知る」という境地をこれほど表した像もない。この像が至ってシンプルで、不必要な装飾はいっさいない。「誰もが造れない細工をしたい」という佐吉の「狂気」が全く感じられない。春風が漂い、柳の枝がいやな風にも逆らわずに身を任せている世界である。

佐吉は装飾性豊かな世界を追求する一方で、装飾を出来るだけ押さえた世界をも求めていたのだと気づかされた。「狂気」だけではないのである。②の春日神社aは前者の世界であり、彼の殆どの狛犬が同じ方向である。一方、①の摩気神社aと③の天神社aが後者の方向なのだ。このシンプルな世界の狛犬がこの二対しか存在していないので、その存在意義は大きいと考えている。

天神社aは佐吉の貴重な作品

京都の摩気神社aについては拙著（『京都狛犬巡り』）で詳しく触れたので重複を避けたいが、その時に

太古の聖地のイメージを残す境内に照信（佐吉）作の狛犬がいる。体長約七八㎝。残念ながら寄進日が刻まれていない。たてがみや尻尾は石でありながら見事に流れている。優雅であり、気品を感じさせる作品である。

と書いたが、今も同じ考えでいる。余計な装飾がなく、全体が見事に流れている。毛先の一本一本にリズムがあり、一〇方向に分かれた尻尾の先もみな生きている。これほど軽やかで美しい狛犬はいない。私が講演会等で「最も好きな狛犬は」との質問を受ければ、必ずこの狛犬を挙げている。

摩気神社の佐吉狛犬

拙著には「この狛犬は、現在その価値相応の評価は受けていない。ただ露座に座っているだけで、案内の駒札も何もない。後で神社に参拝に来られた氏子の方も、佐吉についてはまったくご存じなかった。観光化されるのも困りものだが、維持し

ていくための関係当局のそれなりのご尽力を期待する」と書いた。知られていないうちならともかく、公表した以上は守っていかなければならない。近年、地元の氏子の方々が集まり、狛犬の勉強会を開いたり、佐吉の他の作品の見学に行かれたりと、佐吉狛犬を中心に据えた町おこしを始められた。ありがたいことであり、佐吉狛犬もさぞ喜んでいることであろう。

天神社aも、摩気神社と唯一同じ系統の狛犬である。阿形の一二本、吽形の一〇本のたてがみの直毛の束は軽やかで、身体に沿いながら気持ちよく伸び、先端で少し浮いている。四本、あるいは二本の巻き毛もリズム感がある。よく見ると、阿形の巻き毛は上に向けて巻いており、吽形のそれは下を向いて巻いている。それぞれが口の開閉に対応する形になっているのも、佐吉の心憎いばかりの手腕であろう。この点では摩気神社aに勝るとも劣らない。摩気神社aが、佐吉狛犬に一般的な獅子・獅子の組み合わせに対して、こちらは二cmの小さな角があり、獅子・狛犬になっている。尻尾はこちらの方が扇尾を意識しているようであるのに対して。摩気神社aの方は自由に伸びている。

以上から、この二対はほぼ同時期に造られたものであり、天神社aの方が先に作られたと考えたい。天神社aに「弘化四年」の寄進年が刻まれているのが何よりありがたい。拙著で摩気神社aを「文久年間の作品ではないかと推定している」と書いたことを訂正しなければならない。正しくは弘化四年か五年の作品で、天神社aが佐吉狛犬最古の作品となる。とすれば、佐吉の狛犬造りが、通説の嘉永五年よりも五年ばかり遡ることになる。

私は、佐吉が多様な装飾に拘り抜いた先にシンプルな世界へと辿り着いたと考え、先に文久年間と推定した。「複雑から単純へ、単純な表現の中に複雑な表現以上の世界を見出す」という多くの芸術家が辿った道に重ね合わせすぎていたのであろう。問題は時代の雰囲気である。装飾性過多が受け入れられ、称賛されていたのだ。だから②の春日神社aの方が当時の評価は高かったのだろうし、佐吉自身も時代の要請のまだ先を行く技巧を必死に模索していたと思われる。ただ、現在の視点からすれば。摩気神社aと天神社aの方が優れているように私には思えてならない。いずれにせよ、佐吉の中には「狂気」だけでは捉えきれない世界が、少なくとも彼の初期の時代にはあったことを「発見」できたことが大きな喜びである。

摩気神社がかつてそうであったように、この天神社aも、現在その価値相応の評価は受けていない。ただ露座に座っているだけで、案内の駒札も何もなかった。参拝に来られた方がおられなかったので伺えなかったが、佐吉についてご存じのない方の方が多いと思われる。観光化されるのも痛し痒しだが、維持、保存していくために関係者の方々のそれなりのご尽力を期待したい、と摩気神社の時と同じようなことを考えていた。

第七章　信楽焼と備前焼の狛犬

恨めし顔の狛犬

私の長い狛犬調査の中で最もドキッとさせられた狛犬を紹介する。所は甲賀市信楽町牧の**日雲神社**。信楽高原鉄道雲井駅の南で、境内を電車がのどかに横切っている。倭姫《やまとひめの》命《みこと》が天照大神の鎮座地を求めて各地を巡行した時、この信楽の地に四年間おられた（甲可《こうか》日雲宮《ひくものみや》）ことが起源と伝えられる。神殿の周りには「御杖代《みつえしろ》の道」という遊歩道があり、ゆっくり森林浴も楽しめる。線路を跨ぎ、誰一人いない神社の境内に入っていってこの狛犬に出会った時には足がすくんでしまった。写真を見ればおわかりのように、吽形の、何ともいえない恨めしげな顔にド

日雲神社の恨めし顔の狛犬

キッとしたのだ。奥目で下から嘗め上げるような視線には粘り気がある。頭の角も鈎のように前に曲がって伸びている。痩せたお腹に八段ほどのしわが寄っているのも蛇腹を連想させるほどのおぞましさを感じさせる。これほど性格が悪そうで、不信感に満ちて、気色が悪く、友達になりたいとは絶対思えない狛犬は滅多にいない。

参道狛犬は圧倒的に石造が多い。石では、元気な顔、厳しさのある顔、楽しい顔などの表情は表しやすいが、日雲神社aのような表情は陶器であってこそ出せたのであろう。もちろん、ここは陶都・信楽であり、焼物の聖地である。台座に寄進年も寄進者名も製作者名も書かれていないので、余計に謎めいてくる。

そもそも、狛犬が参道に置かれたのは聖域を示す役割と、聖域を護り、邪なモノの進入を防ぐ「守護(=魔除け)」の役割とがある。中国には辟邪絵《へきじゃえ》(僻邪絵)いう絵が古くからあり、掲げておくと辟邪という空想上の動物が疫鬼を懲らしめるとされる。その意味で、狛犬の役割の一つが「僻邪=魔除け」と言えるのだが、日本語では「僻邪=よこしまでひねくれていること」と、違った意味で使われていたりもしている。

代表的な「魔除け」を二次元で図案化するとセーマン・ドーマンとなる。セーマンは一筆書きの星形で、五芒星《ごぼうせい》として知られていて、安倍晴明でおなじみである。ドーマンは縦線と横線とを網の様に交差させて引いた図柄であり、これらは伊勢の海女たちが魔除けとして身につけることでも知られている。格子状に引いた線には多くの「目」が出来る。目の力に威力を認めるのは東西文化とも共通していて、悪意をもって相手を睨みにつけることを邪視《じゃし》という。邪視力ナンバーワンはギリシャ神話のメデューサ（メドゥサ）で、その目を見た者は石にさせられるという。邪視に対抗できるのはそれ以上の目力《めぢから》であり、まさに「目には目を」である。トルコの土産品として知られるナザール・ボンジュウは、青くて丸いガラスいっぱいに、中心から青色・水色・白色で大きな目玉を描いた魔除けである。

つまり、狛犬が魔除けの役割を果たすにはこの目力が重要なのだが、石造では表現しにくい。この日雲神社aこそ、狛犬としての重要な役割を精一杯果たしていると言える。ただ、他の狛犬たちが威圧する目で邪なモノを圧倒するのに対し、この狛犬は、相手を不安がらせて退散させようとする、ちょっと陰険な方法をとっているのが特異なだけである。

寄り道をする。古代の日本人は目力以上に魔除けの力を発揮するものが今ひとつ身体にあると考えていた。『日本書紀』の天孫降臨の場面で瓊瓊芸命《ににぎのみこと》が天降ろうとする時、天八達之衢《あまのやちま》に異形の者が立ち塞がっていた。従えていた神を使わして「何者か」と尋ねさせようとしたが、目力で負けて問うことが出来ない。そこで天鈿女命《あめのうずめのみこと》に「汝は眼力の勝《すぐ》れし神である。行きて尋ねよ」と命じた。異形の者は瓊瓊芸命を迎えに来た猿田彦だったのだが、まず天鈿女命がやったのは「その胸乳をあらわにかきいでて、裳帯《もひも》を臍《ほそ》の下におしたれて、あざわらひて向きて立つ」とある。つまり、猿田彦の眼力に対抗したのは胸乳と女性器をあらわにすることであった。特に後者は目と同一視されていたのであろう。

狛犬の性器表現は魔除けの呪力をも表しているのだ。志紀長吉神社（大阪市平野区）の狛犬は天明三年（一七八三）の寄進で、浪花狛犬住吉型の代表的な狛犬だが、吽形には丁寧に女性器を彫り込んでいる（第三章の写真参照）。邪を避けるための典型的な表現であり、決して邪な気持ちで観察してはいけないのである。

近年の狛犬は性器表現が避けられ、去勢された状態であり、目力だけでがんばらなければならなくなっている。そう考えると、日雲神社aには「よくがんばっているね」と声を掛けてやりたくなるのだが、安易に褒めると叱られそうな気もする。

信楽焼の狛犬

県内に陶器製の狛犬が八対いて、日雲神社a以外では、五対が信楽焼で、残りの二対が伊部《いんべ》焼（備前焼）である。

信楽焼の歴史は古く、越前焼（福井県）・瀬戸焼（愛知県）・常滑焼（愛知県）・丹波立杭焼（兵庫県）・備前焼（岡山県）とともに「日本六古窯」として知られている、平成二九年（二〇一七）にはそろって日本遺産に認定された。近江は渡来人の技術が早くから入ってきた地で、竜王町に「須恵」という地名が残るのも、須恵器を造る工人たちが住んでいたことに由来する。また、米原市の菅江《すえ》という地名も、古くは「陶」と表記したことからも分かるように須恵器の生産地であった。近江は陶工の技術が古代から脈々と流れている土地柄である。信楽焼の始まりについては明確ではないが、桑山俊道氏は「無尽蔵ともいえる粘土と燃料があり、地理的にも山間部にありながら都に近い要衝の地であることなどが、古代の技術者を定着させた理由としてあげられよう」（『近江のやきもの』サンブライト社）と指摘している。この「粘土」の歴史が面白い。

琵琶湖は今から四〇〇万年前頃、伊賀市に出来た小さな湖（大山田湖）として誕生し、姿を変えながら甲賀から蒲生へと北上し、四三万年前頃に今の場所に落ち着いたという。にわかに信じがたい話だが、その間に湖底に堆積した層を「古琵琶湖層群」といい、伊賀市を中心に南北約五〇㎞にわたって広がっている。花崗岩は結晶が粗く、風化しやすくて歴史を経るとよい粘土になるらしい。つまり、信楽焼も琵琶湖の賜物《たまもの》なのである。

信楽焼は日常品が中心で、土鍋・徳利・水瓶などが造られた。御茶壺道中の壺も造られた。私たちの世代には、松を表面に描いた火鉢や、駅弁用の汽車土瓶などが懐かしい。

信楽駅（信楽高原鐵道）を降りて、真っ直ぐ西に向かうと、すぐに信楽郷の総社として知られる**新宮神社**（甲賀市信楽町長野）の鎮守の森に入っていく。境内に歌碑があり、黒石の

表面に白い字で鮮やかに

　幼などき　集めしからに　懐かしも　しがらき焼の　狸をみれば

と書かれている。昭和二六年（一九五一）、昭和天皇が信楽を訪問された時、日の丸の旗を持たせて沿道に並べられたたくさんの狸の像をご覧になり、幼い頃を思い出して詠まれた歌である。これが新聞で報道され、信楽の狸は有名になる。狸の像は明治頃から造られていたらしいが、全国区の存在になるのは戦後で極新しい。現在では福を呼ぶ黄色の狸も交えて、陶器屋のどの店頭にも並べられている。総数は分からないが、信楽の人口をはるかに超えていることは間違いない。これだけ有名な狸だが、信楽焼の作家の作品展に出品されたという話は聞いていない。作品としては高く評価されていないのだろうか。数だけあって軽く扱われるとするなら悲しいことである。

　信楽駅前には五ｍを超す大狸がいる。これだけの狸を造れるのだから、当然、狛犬も造れるはずである。実際に信楽焼の狛犬像を店先に飾っている所も何軒かある。ところが、神社の参道となると、町内に六対いるだけで、他地域への広がりも見られない。数もなければ評価もされないとあっては、やはり実物の狸以上に寂しい存在に思えてくる。六対それぞれの狛犬が個性的で魅力的であるだけに、残念でならない。

　新宮神社には三対の狛犬がいる。拝殿に近い新宮神社ａは、明治三五年（一九〇二）に「陶器仲買人」たちが寄進したもので、砂岩系の石で出来ている。彼らには信楽焼で狛犬を造るという発想がまだなかったようである。

同社bと同社cが信楽焼の狛犬である。同社bは全身鮮やかな赤茶色で、見るからに獰猛そうな表情である。特に阿形は、参拝者を威嚇するような目つきも鋭く、開いた口からは、上だけで一九本の鋭い歯が茶光りしている。たてがみの先が渦巻状に巻き上がっている毛の束が四五束もある。尻尾も複雑でアイスクリームの先のような渦巻きが三六個も炎のように出ている。吽形は口を閉じているだけおとなしそうに見えるが、近寄りがたさは同じである。このような表現は石造では無理で、ここでも陶器の良さが神域を護る役割を見事に表している。台座に、石田三郎氏の作品で、「卯龍会」が昭和五〇年（一九七五）に還暦祝いで寄進したある。「卯龍会」というのは、多分、卯年生まれと辰年生まれの氏子たちの集団であろう。

その八年後、昭和五八年（一九八三）に寄進されたのが同社cである。双芳氏の作品で、「大正亥子年会」が、これも還暦祝いで寄進している。卯龍会と同じ

新宮神社bの獰猛顔

く亥年と子年生まれの氏子の集団であろう。このあたりも二年ずつをひとまとまりとして行動する習慣があるのかも知れない。いずれにせよ、年違いの同じような性格の団体が同じ神社に狛犬を奉納するとなると、微妙な対抗意識があり、観察者にはそれを比較する楽しみがある。

同社ｂが獰猛な印象であるのに対して、同社ｃは威風堂々たる印象である。吽形は胸を反らしている。土俵上で、幕下の力士に対し横綱が見下したような目で蹲踞している姿に重なる。余裕と貫禄で邪なモノの進入を防いでいる。先の日雲神社のような不気味な表情でおそるおそる「邪なモノは入ってこないでネ」と嘆願しているのとは大きな違いである。

新宮神社ｃの信楽焼狛犬

同社ｂの体長が六五㎝に対して、同社ｃは九八㎝と大きい。後から造られた物はだいたいこのパターンである。同社ｂが獅子・獅子であるのに対して、同社ｃは獅子・狛犬の形式で、吽形の頭には、高さ八㎝・横に二六㎝も延びた長い角がある。また同社ｃは右前足の下に大きな玉を踏みつけている。こちらは台座も陶器製である。尻尾も太筆のようなものが一本で、まわりに渦巻き模様をつけている。

どちらの狛犬が素晴らしいのか。それぞれにそれぞれの味があり、優劣はつけがたい。同社cは同社bを意識して造られたことは間違いないので、よい意味の対抗心が個性の違う狛犬となって現れたのだから楽しいのである。

毎年七月には火まつりが行われる。最近のNHKの朝ドラで信楽が舞台となり、火祭りも登場したのでご記憶の方もおられると思うが、七〇〇本もの松明に火をつけ、当社から東南の方向にある愛宕山（三六九m）山頂の**陶器神社・愛宕神社**（甲賀市信楽町江田）へ奉納に行く勇壮な祭である。信楽太鼓が鳴り響き、花火が上がる、神聖な火に感謝する祭で、江戸時代から続くという。

この陶器神社・愛宕神社にも信楽焼の狛犬が奉納されている。「初老祝い」で明治三七年（一九〇四）に個人が寄進したものだ。作者名は摩耗して読みづらかったが、「製造人 菱通」のように思えた。昭和九年（一九三四）に改修されているが、その時に狛犬が新しくなっていなければ、最も古い信楽焼狛犬となる。新宮神社の狛犬とは違って、いたずらをしでかすようなかわいらしい表情が魅力的な狛犬である。なお、神社名が二つ並列しているのは、元々の愛宕神社に、大正時代頃に陶器神社が合祀されたからである。

神山《こうやま》神社a（甲賀市信楽町神山）は昭和四年（一九二九）の寄進で、「陶工 高原神千作　窯元 松

本一男」の文字が刻まれていた。こちらは気品を感じさせる狛犬だが、阿吽とも身体ぎりぎりに長方形の網で囲まれている。体長九四㎝の大きな身体が振り向きも出来ない窮屈さを感じているようで、たまには出してあげたいと思ってしまった。

信楽町西にいる**若宮八幡神社**ａは、作者名が有楽とある。素朴な印象の狛犬で、阿形の歯は上下四〇本が、切れ目なく口内を一周しているように見える。時折見かける様式で、「口内一周歯」と名づけている。「果たして口を閉じられるのだろうか」といつも心配するのだが、この狛犬、そんなことなど気にもしないおおらかな性格に見えた。

以上の六対、いずれも個性的で、陶器でなければ出せない味がある。最近の信楽の陶器店の店先にはフクロウ像が増えているようにも思える。この「不苦労」との語呂合わせを馬鹿にしてはいけない。日本古来の「言霊《ことだま》信仰」であり、良き言葉に良き運がついてくる。それもいいが、陶器製の狛犬に専念する陶工はおられないのだろうか。神社に奉納する狛犬の注文が少ないのなら、沖縄のシーサーグッズに対抗する「信楽狛犬グッズ」、いっそのこと「スカーレット狛犬」とでも名づけて、「狸の隣に置こう」とすれば流行らないだろうか。少なくとも私なら買い漁《あさ》るのだが。

伊部焼（備前焼）の狛犬

日本六古窯の中で、瀬戸焼の狛犬には窯神社（瀬戸市窯神町）で出会った。体長一四八㎝もある巨大常滑焼狛犬には神明宮（常滑市宮下）で出会った。越前焼や立杭焼の狛犬はまだ発見できていないが、いずれも、信楽焼と同じように生産地周辺からなかなか越境できていないようである。ところが、備前焼の狛犬だけは別で、江戸時代から、藩内はもとより、国境《くにざかい》を越えて移出されていった。讃岐の金比羅神宮（香川県琴平町）の参道にも、島根半島の端の美保神社（島根県松江市）の社殿前にもいる。播磨の高砂神社（兵庫県高砂市）にも、浪花の住吉大社（大阪市住吉区）にもいる。京にも妙見堂（京都市東山区）・八坂神社（同）にいるし、宗忠神社（京都市左京区）では逆立ちまでしている。江戸の品川神社（東京都品川区）では、文政一三年（一八三〇）に、品川新宿に住む吉野屋萬蔵が、備前伊部窯元の木村長十郎の作品を寄進している。陶器の参道狛犬としては備前焼の狛犬が最も広く分布している。「備前焼狛犬」と呼ばれることもあるが、私は参道狛犬研究の先達である橋本万平氏に敬意を表して、氏と同じように「伊部狛犬」と呼んでいる。伊部は、備前焼が盛んな備前市伊部地区のことで、伊部焼は備前焼の別名である。

陣内用の伊部狛犬は古くから見られるが、参道用で現役となれば限られてくる。伊部狛犬を精力的に調査しておられる相原武弘氏によると、岡山市北区上高田に鎮座する鼓神社の狛犬が文政四年（一八二一）年の寄進で、寄進年が確認できる現役では最古の例だという（『備前焼の狛犬』日本文教出版）。いずれにせよ、一九世紀以降の狛犬である。

うれしいことに近江でも二対の伊部狛犬にお目にかかった。一対は**岩附神社**《いわづき》ａ（甲賀市甲南町磯尾）である。新名神高速道路の甲南インターからすぐ近く、県道四九号線沿いの神社で、巨大な夫婦杉が目印になる。台座は石を積み上げて造ったもので、その上に置かれていた。陶器のためか、前足と後ろ足とがくっついているようにも見えるほど近い。石の場合は、頭を身体の向きより参拝者側に向けているのが多い。陶器製の場合は、硬直したというか、緊張して胸を張って真っ直ぐ前を見ているように見える。

岩附神社の伊部焼狛犬

伊部狛犬の目は中心がまん丸く刳り抜かれた空洞になっていて、これがまたかわいい。岩附神社ａには「木村六郎平　吉朝　６９造」と刻まれていたので、一九六九年（昭和四四）の製作かもしれない。この木村六郎平は、岡山県内でよく見かける陶工の名で、明治時代に活躍している。となると、六郎平系統の吉朝という人が造ったのだろうか。現在は高速道路が出来て行きやすくなったが、かつては交通の不便な静かな山村の極普通の神社であった。そんなところで予期せぬ伊部狛犬に出会った時の喜び、これこそ狛犬巡りの醍醐味である。ここになぜ伊部狛犬がいるのかは分からない。当社の説明に「木材の伐採並びに搬出の安全を祈った」とあるから、その関係で備前と結びついたのかも知れない。

残念なことに、現在では石を積み上げた台座の上には岡崎現代式狛犬（後述）が座っている。たしかに、私が調査した時にも吽形の身体に大きな継ぎ跡があったので、引退したようだ。陣内にでも大切に保管されていればいいのだが。

今一対、県内唯一となってしまった伊部狛犬が**日吉神社**ａ（高島市新旭町針江）である。日吉神社はＪＲ湖西線の新旭駅の北西にあり、こちらはタブノキの古木が有名である。湧き水と清流に恵まれた地で、近くの川にはバイカモが見られる。

狛犬の寄進年は書かれていないが、大正頃の作品と思われる。黒茶びかりをした精悍な狛犬である。伊部狛犬には獅子・獅子の形式が多いが、この吽形の狛犬には長短二枝に分かれた八㎝の角がある。陶器の狛犬は、尻尾と角を別に焼いて、あとからくっつける例が多い。ただ、大きさにより焼いた後の収縮率が異なるため、ぴたりと合わせるにはかなりの熟練が要求されるという。日吉神社ａは取って付けたような角であるが、取って付けてあるのだから仕方がない。

第八章　出雲から来た狛犬たち

近江商人と浪花狛犬

近江商人のルーツといわれる小幡商人、その本拠地の**小幡神社**（東近江市五個荘中町）へ行くのが楽しみだった。大坂の商人はお得意さんの地域の鎮守さんに浪花狛犬を寄進し、村人達の信頼を得てきたと考えれば、小幡神社にはどんな狛犬が寄進されているのか、興味津々であった。結果は全く予想を裏切るもので、出雲から来た狛犬が設置されていた。

出雲の狛犬の紹介の前に、浪花狛犬と近江との関係について整理しておこう。前章までで、江戸時代に近江に寄進された狛犬の殆どが浪花狛犬であるということを紹介した。また、奈良県や兵庫県等と比べて寄進数が少ないのはなぜかという疑問も提示しておいた。

近江の江戸時代の狛犬、実は五個荘と近江八幡市と日野町には一対もいなかった。近江商人といえば、五個荘・日野・近江八幡・高島などが有名だが、高島市を除いて浪花狛犬は進出していない。

近江商人たちは、天秤棒を肩に全国を行商した。一定の販路と資本ができると江戸・大坂・京など全国に出店を作った。だから、大坂にも近江商人の店はあった。しかし、持ち下り荷（関西から関東や地方へ）・登せ荷（地方から関西や江戸へ）など、生産地から消費地へ生活必需品等を流通させ、地域の価格差により利益を得るという堅実な近江商法と、現在の総合商社的な発想の大坂商人とではかなり商売のやり方が違うように思える。

浪花狛犬の分布を見ていくと、文化文政期以降、瀬戸内海沿岸を中心に大坂商人の経済活動圏は急速に拡大していることが分かる。近世の専門家に教えて頂いたのだが、この頃から資本の蓄積が増大する。薩摩藩は密貿易で利益を得ていたが、長州藩は貧乏であった。白石正一郎のような下関の豪商だけでは資金が足りない。討幕派が目をつけたのは、堺を含む大坂商人たちである。教科書には書かれていないが、倒幕には相当の金がかかる。アームストロング砲（大砲）一門買うにも資金がかなりいる。その援助をした中心が大坂商人であったと思われる。浪花っ子はもとから太閤さん大好き・家康大嫌いな人種である。家康が造り直した大阪城でさえ（戦災で焼けてはいるが）、「太閤さんのお城」として大阪のシンボルにしている。大阪には日本国とは別に秘密の「大阪国」が存在し、豊臣家の子孫である中学生「茶子」を守っているという途方もない構想の小説・万城目学著『プリンセス・トヨトミ』（二〇〇九年刊）が喝采して迎えられる土壌は今でもある。だから倒幕のスポンサーにもなった（背景に薩長の脅しもあるが）。

先に、浪花狛犬拡大の歴史を調べることは、大坂商人の経済圏の拡大を調査することに重なると書いた。それに加えて、明治維新を生み出す基盤となった資本の蓄積の過程を検証することにもつながる。

しかし、その大坂商人の相棒とも言える浪花狛犬が、五個荘や日野や近江八幡へは入れなかった。近江は国力豊かな地で、大坂商人にとっては市場として魅力的であったはずだ。彼らが奈良盆地を遠慮会釈もなく自らの経済圏に取り組んでいったことは、幕末の奈良盆地に蝦蟇型狛犬が急増することで証明できるが、近江商人の勢力圏である五個荘や日野や近江八幡といった湖東に浪花狛犬が設置されていないのは、彼らがその地域に「入らなかった」のではなく、「入れなかった」のであろう。近江商人に遠慮し、或いは確執を避け、目立った進出が出来なかったからではないだろうか。

近江商人は、地元の道路や橋に常夜灯等をよく寄進したという。このあたりが大坂商人との違いで、「生活に密着して役に立つもの」で地域に貢献しようとする姿勢がみられる。これを仮に「常夜灯方式」と呼ぶとするなら、大坂商人は「浪花狛犬方式」である。この二つの方式が湖東で棲み分けている可能性はないだろうか。先に紹介した近江における浪花狛犬の分布と比較、検討すればおもしろい結果が出るのではないだろうか。

言うまでもなく、大坂商人にとって琵琶湖は重要な交易ルートであった。敦賀や小浜から琵琶湖へ抜け、塩津港や今津港から船便となる。陸路を採ったとしても、日本海と京・大坂を結ぶルートとして湖西が重要となる。つまり、大坂商人と高島商人とが結びつきやすかった条件は揃っていた。そのため、同じ近江商人でありながらも、湖東と湖西では大坂商人との関係が違っていたのではないだろうか。

これはあくまで一つの仮定であり、経済に疎い素人の思いつきの域を出ない。しかし、湖東の近江商人の本拠地に浪花狛犬がいない理由は他には考えられないのだが、いかがだろうか。

三大狛犬文化圏

江戸時代には各地に地方色豊かな狛犬が誕生した。仙台には独特の力士型狛犬がいるし、猿と区別のつかない不思議な狛犬もいる（仙台市の桜岡大神宮他）。美濃では美濃焼の狛犬が造られたが、小型で、参道狛犬というより神社に供えるもので、境内に多数置かれている。讃岐では、出雲の狛犬をモデルにした讃岐狛犬ができた。萩では地元の萩の黒石で造った独特の狛犬が多く見られる。維新の志士たちは萩の狛犬をわざわざ京にまで持ってきて睨みをきかさせている。狛犬の政治的利用である。面白いのは九州で、肥前狛犬というずんぐりむっくりした狛犬や、久留米市を中心に広がる山北石の狛犬群もいる。長崎には片足立ちの狛犬もいる。あるいは玉の上で逆立ちした狛犬など、多様性に富んでいる。有田焼の里では磁器の狛犬や灯籠まで造られた。しかし、これらの狛犬は藩内中心で、他藩へはなかなか広がらなかった。

一定他藩にも広がった狛犬もいた。先に紹介した備前焼の伊部式狛犬がそうであり、尾道の石工達が創り出した、両前足を大玉の上に載せた尾道式狛犬もそうである。しかし、これらは浪花狛犬の人気が高まり、需要に供給が追いつかなくなった頃、それを補完する意味で広がったのであり、浪花狛犬文化圏にほぼ含まれてしまう。

江戸は、石造参道狛犬としては大坂より歴史が古い。江戸の狛犬は古江戸狛犬と江戸狛犬に分けられるが、後者は都内の神社のいたる所で見られる。慣れると顔を見れば一目で分かるのだが、初心者向け確認ポイントは尻尾である。古江戸狛犬は盾のような尻尾が多いが、江戸狛犬はお尻から二方向に分かれ、両方が台座に沿うように伸びている（「二分尾」と呼んでいる）。これらは関西にまずいない。

江戸狛犬は関東平野中心に広がっていったので、関東平野は「江戸狛犬文化圏」と呼んでいる。しかし、それ以外ではあまり見かけない。驚いたのは青森県八戸市の長山新羅神社の境内に文政一一年（一八二八）寄進の江戸狛犬がいたことだ。寄進者が江戸大傳馬町　因端屋次郎左衛門、江戸小網町三丁目 湯浅屋與右衛門など四名。石工名も江戸の本宮勘兵衛と刻まれている。ここまで運んできたのである。ただ、台座に「海上安全」と書かれていることからすれば、江戸とを結ぶ東廻《ひがしまわり》海運の安全を祈願したもので、地域に入り込み商業圏を拡大していった大坂商人の活用の仕方とは性格が違うようである。

浅間神社（東京都大田区）の江戸狛犬

日本の文化が、「昆布だし対鰹節だし」等、東西で大きな差があることはよく知られている。東京人が京都でたぬきうどんを頼んだら、油揚げと九条ネギをのせたあんかけで驚いたという。食べてみると美味しかったので大阪で「たぬき」を頼むと、今度は油揚げののったそばが出てきてて二度驚いたという話がある。関東では「たぬき」といえば天かす（揚げ玉）がのっているうどんのことだからである。

狛犬が面白いのは、これらとは別に、日本海に広がる狛犬の文化圏があることだ。出雲で造られた狛犬が、日本海全体に広がっている。秋田県では、出雲の狛犬を真似た「出雲式秋田型狛犬」と言うべきものまで出回っている。

この日本海沿岸の狛犬文化を「出雲狛犬文化圏」と呼んでいる。江戸時代にはこれらの「狛犬三大文化圏」があったというのが、三〇余年間全国の狛犬を調査をし、データ整理をした中で私が得た結論(仮説)であった。

五個荘の小幡神社にその出雲の狛犬がいたのだから、私がびっくり仰天したのも無理はないのである。

小幡神社aは出雲の来待石製

小幡神社aはなかなかの美品である。

小幡神社の出雲型狛犬

写真でお分かりのように、大相撲で行事の軍配が返る寸前の格好をしている。狛犬は魔除けの役割だから、今にも跳びかかろうとする姿は理にかなっている。台座から尻尾の先までの長さである体長は九八cmもある。尻尾を見て頂きたい。この太い棍棒のような尻尾こそ、出雲の狛犬の特徴である。私は「蝋燭峰《ろうそくほう》」と名づけている。実は、この蝋燭峰こそがこの様式の弱点でもある。

この狛犬の材は島根県の宍道湖周辺で無尽蔵にあるとされる来待石《きまちいし》である。砂岩系で細工がしやすく、灯籠や狛犬像として江戸時代から日本海沿岸各地に移出されており、松江藩の収入源でもあった。小幡神社aは明治二五年（一八九二）の寄進であり、台座ごと松江から持ってきている。古い出雲狛犬ほど尻尾の付け根が細くなっているので、冬など雪と尻尾の重みでここから折れてしまうことが少なくない。これが弱点である。

私は狛犬グッズも好きで、神社で授与して頂ける狛犬像から、「妖怪ウォッチ」のコマさん・コマじろう兄弟まで揃えている。中国へ行くと骨董店や土産物店を覗いては探すのだが、ある時、小幡神社aと同じように跳びかかる姿の一対の小さな狛犬像を見つけ、買ってきた。しかし、考えてみると、中国でこの姿の獅子像には出会ったこともないし、関係本でも見たことがなかった。ひょっとするとこの様式の獅子像は日本独自で、中国の土産物にまで影響を与えているのかも知れない。

寄進者は「五位田《ごいで》村　山中利一郎」と刻まれている。五位田村は現在の五個荘五位田町、近江商人の中心地の一つである。『滋賀県の地名』（前出）によれば、

　近世後期には多数の商人を輩出。天保二年（一八三一）には四名の布仕入屋がおり、幕末には肥料商を営む者もいた。近世初頭以来の行商で著名な松居久右衛門や、幕末から明治初年に布利の商号で名声を博した山中利右衛門は当村の出身。

とある。小倉栄一郎氏によれば、山中利一郎はこの山中利右衛門（一八二一〜八〇）と同族で「明治一一年に麻布蚊帳改会所取締役となって活躍しており、山中合名会社を設立した」（「明治以降の江州商人の企業活動一斑」）という。

江戸時代に成功した商人として山中利一郎の名前がある。その名を継いだ子孫が明治にも活躍し、産土の社に狛犬を寄進したのであろう。利一郎は当然浪花狛犬の存在を知っていたはずである。にもかかわらず、わざわざ出雲の狛犬を選び、遠路を運んできている。利一郎の頭の中に大阪商人への対抗意識があったとするのは考えすぎであろうか。

出雲式狛犬出雲型と出雲系狛犬

私が京都府の狛犬を調査していて、南丹市と船井郡京丹波町の境にある観音峠を越えた時、狛犬の姿が全く違うのを「発見」して驚いた。兵庫県でも同じことが言えるのだが、降った雨が太平洋に注ぐか、日本海に注ぐかの境目、分水嶺の南と北とで狛犬文化が違っていたのだ。もちろん、南は浪花狛犬の世界で、北は出雲狛犬の世界である。近江に降った雨の殆どが琵琶湖に流れ込む。基本的には近江は分水嶺の南に当たる。小幡神社aは分水嶺を超えて越境してきているのである。

出雲の狛犬は、大きく分けて二種類ある。この両者は全くと言っていいほど同じ狛犬だが、跳びかかろうとしているか、両前足を地につけて蹲踞しているかという姿勢が大きく違っているだけである。前者を、最も出雲の狛犬らしいということで「出雲式狛犬出雲型」、後者を、松江市の八重垣神社にいるのが同様式の中でも古いとされてきたので（寄進年未詳）、「出雲式狛犬八重垣型」と呼んでいる。

出雲型と八重垣型の狛犬に共通する特徴は次の七点である。

①頭が比較的大きく、四角い感じで、獅子舞の獅子頭の印象を受ける。
②両方に角がなく、獅子・獅子の組み合わせである。
③阿形・吽形、それぞれの両耳が垂れていて長い。
④阿形・吽形の区別は口の開閉で明確だが、性別はほとんどが不明である。
⑤出雲の来待石が材料だが、各地の石を使って模倣した狛犬もいる。
⑥尻尾は太い蝋燭尾で、表面に巻き毛の模様がある。
⑦台座は将棋盤状で牡丹の絵が描かれていることが多い。ただし、出雲型は一番上の台座と本体とが同じ石で造られている。

本場の島根県では、来待ストーンミュージアム（松江市宍道町）元館長・永井泰氏が、廣江正幸現館長とともに徹底的に県内を調査してこられた。永井氏らによれば、現在最古と確実に言えるのは、讃岐の金刀比羅宮に寄進された天明元年（一七八一）作の狛犬である。出雲型の跳びかかる姿勢も評判が良かったようで、各地でその姿勢を模倣した狛犬が造られることになる。それらを「出雲系狛犬」と呼んでいる。

近江で来待石製の出雲型狛犬は小幡神社aのみだが、出雲系は何体か見られる。先ずは小幡神社bである。ただ残念なことに参道には阿形しかおらず、吽形は台風で倒壊したらしい。**五社神社**a（近江八幡市牧町）は明治二七年（一八九四）の寄進。金網をかぶせられているが、白く輝くきれいな身体に黒い目がつけられていて、なかなか凛々しい。**八幡神社**a（犬上郡多賀町楢崎）は体長が七〇cmで、頭の上までの長さは四一cmしかなく、小柄である。彦根の石工・松居の作品で昭和五年（一九三〇）の寄進。申し訳なさそうにつけられた短い尻尾が可愛い。一方、尾が長いのが**木和田神社**b（彦根市八坂町）。大正一〇年（一九二一）の寄進で、御影石製である。細くて小柄な狛犬だが、尻尾は胴体に負けないぐらいの太さで、それも真っ直ぐ上に伸びている。何処かで見たような印象があり、ふと思い出したのが輪投げのポールだった。百聞は一見に如かず、是非ご覧いただきたい。なお、**日枝神社**（東近江市

木和田神社の出雲系狛犬

栗見新田）の内陣にも出雲系の狛犬がいる。

実は、これらの出雲型や出雲系の狛犬たちは、五個荘中心に浪花狛犬のいない所に固まって設置されている。

出雲式狛犬八重垣型

来待石で造られ、松江から遠路はるばる運ばれてきたことが明確な八重垣型狛犬は、県内に一三対で、みんな蹲踞の姿勢で座っている。
若宮神社ｂ（甲賀市土山町大河原）は大正三年（一九一四）の寄進。桑名の坂井新三郎が発起人となり、伊勢信徒者中が寄進している。阿形の口の中には直径五㎝の玉がある。取ろうとしても回るだけで外へ出せない。後から入れた物ではなく、口の外から細長い鉄の工具で突いて彫ったものだからである。吽形の前足首の上には可愛い子獅子がいる。反対に、東近江市蛭谷にいる**筒井神社**ａは阿形の前足首の上に子獅子がいる。いたずら盛りの子獅子が阿形へ行ったり吽形へ行ったりして遊んでいるようである。大正一三年（一九二四）の寄進。寄進者の「親王講」は、土地柄からして木地屋（木地師）が祖と仰ぐ惟喬《これたか》親王を崇拝する団体であろう。**白山神社**ｂ（犬上郡豊郷町八町）は、阿形・吽形のどちらにも子獅子はいない。どこかへ遊びに行ったのだろうか。

八重垣型狛犬には、子獅子がいるものといないものがいる。また、玉を持ったものと持たないものがいる。子獅子が玉を抱えているのもいる。子と玉があるのを「子取り・玉取り」と呼び、中国の獅子像の影響と考えられる。出雲の狛犬は子取り・玉取りにいろんなパターンがあり、これもまた楽しめる。

以下の八重垣型狛犬は高島市に集中している。先に浪花狛犬八重垣型として紹介した朽木の大宮神社ａは出雲の狛犬を真似て大阪の石工が造った狛犬だったが、これから紹介する一〇対は全て来待石で出来ている。背の高いもの順である。

まず体長が八〇㎝もあるのが**勝手神社**ａ（今津町杉山）で、明治四一年（一九〇八）の寄進。拝殿前で参道を挟んだ狛犬がいるとすると、多くは右に阿形、左に叶形である。しかし、この狛犬は右が叶形、左が阿形になっている。また、多くの場合、参道に直角に設置されているので、参拝者は狛犬の胴体を見ながら近づくことになる。ところがこの狛犬は参道に平行して設置されているので、参拝者は正面に狛犬の顔を見ながら近づいていく。このような設置の形式の狛犬を「叶《うん》阿《あ》｜｜《たてたて》型」と呼んでいる。この言い方でいくと、多くの狛犬は「阿吽ーー《よこよこ》型」となる。当然、「阿吽｜｜型」「叶阿ーー型」がいる。極端な所では、三六〇度回る狛犬で「阿吽回転型」もいるし、山上の限られた場所で設置場所が狭く「阿吽ーー型」を見たこともある。時折、「叶阿ーー型」の狛犬を見て「間違っている！」と

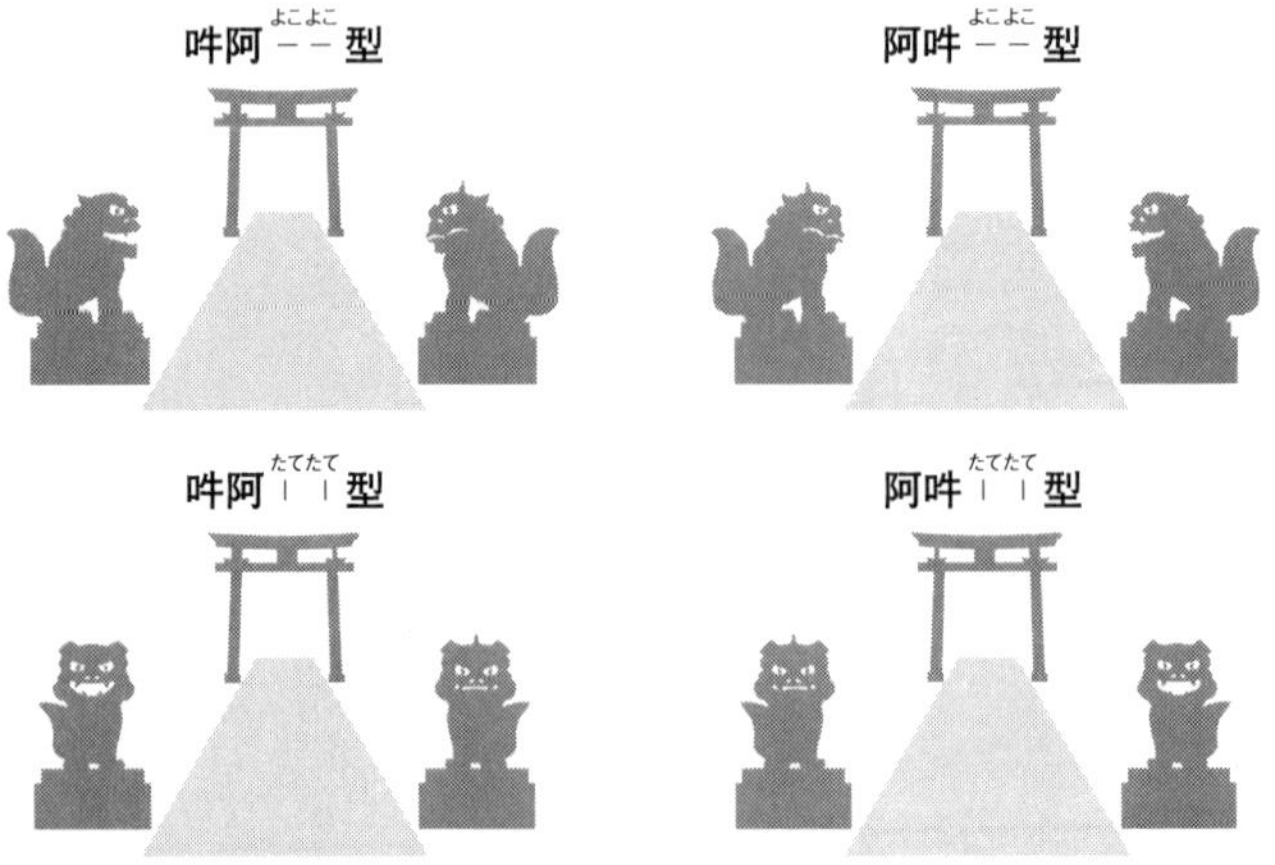

狛犬の設置パターン

言う人がいるが、正しいか間違っているかではなく、みんな正しいのであり、数が多いか少ないかだけの違いである。

体長が六五cmから六〇cmの狛犬が八対もいるので、これが八重垣型狛犬の標準的な大きさであることが分かる。その中で吽阿－－型の狛犬は、**八幡神社**a（今津町杉山）と**八幡神社**a（今津町天増川）の二対。前者は寄進年不詳、後者は明治四四年（一九一一）の寄進である。吽阿－－型の狛犬は**住吉神社**a（今津町今津）。台座がなく自然石の上にちょこんと座っている。特に吽形の顔の巾が狭く、鼻に向かって顔面が尖っているように見える狛犬で、これは古い様式である。明治初期の寄進と思われるが、幕末に遡る可能性も否定できない。あとの六対は全て阿吽－－型である。**八幡神社**

a（今津町日置前）は昭和一二年（一九三七）の寄進。八重垣型の中では彫りがよい。日枝神社aは大正三（一九一四）の寄進。来待石は砂岩であり、雨や雪に弱い。特に阿形は口を開いているので、水がたまり、凍りやすい。凍ると膨張し、石を痛める。八重垣型の弱点は下顎《したあご》で、取れてしまうことがままある。この狛犬、少し心配である。**阿志都彌《あしづみ》神社**b（今津町弘川）は境内の白山社の前にいて、明治三六年（一九〇三）の寄進。吽形の顔が崩れかかっているので、これも心配である。**山《さん》神社**a（今津町保坂）は明治二八年（一八九五）の寄進。寄進者は地元の氏子の方々である。朽木栃生にいる**八皇子神社**aは、府県境を越えた京都市左京区久多に住む山田氏が寄進している。寄進年が刻まれていないが、大正期頃と推定している。これらにはいずれも子獅子や玉が見られなかった。

八幡神社（日置前）の八重垣型狛犬

体長五一cmとやや小ぶりなのが**八幡神社**（正八幡宮）a（朽木麻生）。昭和一五年（一九四〇）一〇月に森下伊八が「凱旋記念」に寄進している。この月は大政翼賛会が結成された時であり、日本中が本格的な戦争体制に入った年である。この年に「ぜいたくは敵だ」というスローガンを書いたポスターが全国の隅々にまで張られた。政府は国民の志気を高めるため、この年を初代天皇とされる神武天皇の即位から二千六百年目に当たる年とし、祝賀行事を行った。各地で狛犬奉納が盛んに行われる。祝賀行事が終わったすぐ後に貼られたのが「祝ひ終わった　さあ働かう！」。翌年末には真珠湾攻撃が行われる。森下氏の祝った「凱旋」はそう長くは続かなかったのである。「凱旋記念」の文字を眺めていると、歴史の流れというのは同時代を生きる人々にとってはなかなか見えてこないものだと考えさせられた。

八重垣型狛犬が高島市に多い理由

八重垣型狛犬が高島市に、それも今津町に多く寄進されていた理由は何なのだろうか。出雲狛犬文化圏は分水嶺より北であるが。分水嶺の近くでお互いの文化が交流しあうのは当然である。特に、今津は九里半越え（若狭街道・熊川街道とも）で若狭の小浜とつながっていた。この小浜市には出雲の狛犬が集中的にいる。私の調査では小浜市内に一〇九社の神社があり、その中の八九社に狛犬がいた。設置率八二％の高率である。狛犬総数は一一七対。最古の狛犬が六月祓神社（小浜市津島）にいて、寛政八年（一七九六）の寄進である。

小浜市の狛犬一一九対の内訳は次の通り。

小浜市の狛犬設置パターン

形　態	狛犬数	占有率
阿吽 −− 型	23対	19.3%
吽阿 −− 型	12対	10.1%
阿吽 ｜｜ 型	12対	10.1%
吽阿 ｜｜ 型	72対	60.5%

◎出雲狛犬出雲型………一〇対　小浜市の狛犬全体の八・五％
◎出雲狛犬八重垣型……九三対　小浜市の狛犬全体の七八・二％

出雲狛犬は全狛犬数の約八七％で、それ以外は一六対しかいない。また設置のパターンは上の表の通りである。「右が阿形、左が吽形で向かい合っている」という狛犬界の「常識」が全く通用しない世界である。辞書に載っている標準仕様の「阿吽−−型」は二割にも満たない。今津周辺はこの影響をまともに受けていると言えよう。

物資の移動で小浜と深い関係を持っていた今津港が、その周辺に出雲の狛犬を設置するのは納得出来る。やはり、近江商人の中でも、高島商人は他地域とは少し違う商人気質があったに違いない。

第九章　近江も制覇した岡崎狛犬

参道狛犬略史

現在の狛犬界を席巻しているのは岡崎狛犬現代型である。これは狛犬の生産地である岡崎市で付けられた製品名で、岡崎狛犬古代型と区別するための名称である。私は単に岡崎狛犬と呼んでいる。狛犬史上初めて全国制覇を果たした優れモノで、北海道の納沙布岬の先端の神社でも、沖縄県那覇市の天久宮の境内でもお目にかかった。全国の都道府県で見なかった所はどこもない。平成以降に寄進された狛犬の八割以上を占める勢いである。この狛犬の様式がかなり画一化していることもあり、私は調査対象を「昭和以前の参道狛犬」と限定したことがかえってよかったと先に述べた。

岡崎狛犬の歴史的な位置を考えるためにも、狛犬の歴史を再確認しておこう。

◎第一期　獅子像の渡来

仏教の伝来と共に獅子像が古くから日本へやってきて、寺院や神社の陣内に置かれる。

モデルがライオンであるから、無角の獅子像で一対となる。

獅子像のルーツを上杉千郷氏はメソポタミアとする（『日本全国獅子・狛犬ものがたり』他）。ライオン信仰の歴史としては歴史的にも納得出来る説である。

獅子像がエジプトに伝わり、スフィンクスとなったというのも間違いない。一方、シルクロードを通じて中国に伝わり、日本にも伝わったのであろう。とすれば、スフィンクスは日本の狛犬のルーツではない。祖先を同じくする兄弟姉妹の関係である。

獅子をあらわす「スーヅー」という中国語が、日本人には「シシ」と聞こえたらしい。琉球国の人々は「シーサー」と受け取った。だから、シーサーは本土の狛犬に最も近い兄弟姉妹である。一方、東南アジアでは「シンファー」になる。シンガポールの語源も「シンハー（獅子）のプーラ（町）」の意味との説が有力で、その関係でマーライオンが水を吐いている。

無角の獅子像は世界のライオン文化の一つであった。

◎第二期　狛犬像の誕生

獅子・狛犬のパターンで確認出来る最古の例は、教王護国寺（東寺・京都市南区）の旧蔵品で、平安時代初期の作品とされる。先にも引用した『類聚雑要抄《るいじゅうぞうようしゅう》』（平安末期）の挿絵を見ると、獅子像はライオンだが、狛犬像は麒麟（動物園のキリンではない）の姿で描かれている。なお、この図は、江戸時代に塙保己一が編纂した『群書類従』に収録された『類聚雑要抄付図』にのみ見られる図であり、平安期とは断定出来ないが、獅子とは別の狛犬という聖獣像を模索していたことは間違いない。

『類聚雑要抄付図』に描かれた獅子と狛犬の図

なぜ狛犬像が誕生したのかが大きな問題である。多くの研究者は「獅子と狛犬一対は日本人の発明」と認めているにもかかわらず、不思議なことに角のルーツを外国に求める人が多い。ある人はユニコーンがモデルだと言うが、伝わってくるはずの途中の国々にそれを示す証拠はない。ある人は中国の鎮墓獣がモデルだという。墓を守る一対の聖獣で、両方に長い角があり、有角・無角のパターンのモデルにするのには無理がある。あるいは中国古代の伝説上の聖獣カイチ（獬豸）だとする人もいる。

有角のルーツを中国等に求める人たちは、「狛＝高麗」という言葉に引きずられすぎたのだと思われる。「日本で発明された」のであれば、日本で生まれた聖獣と素直に理解するべきであろう。「角をつける」という発想が外国から来た可能性を完全には否定しないが、聖獣や魔物を角のある姿で表すのは世界の人類に共通する原初的なイメージである。南アメリカで縄模様の土器が発見されたから「縄文人がペルーまで行っていた」と考えるのと同じであり、無理にこじつける必要はない。日本で発明された物に、わざわざ「狛犬」「高麗犬」と名づけたので、誤解されてきたのであろう。

◎第三期　狛犬の獅子化

もし、獅子と狛犬の確かなモデルが中国にあったとしたら、両者は別の動物として発展してきたと思われる。しかし、新たな狛犬像を模索してみたが、定着までには至らなかった。実は、先に紹介した日本最古の獅子・狛犬像も、狛犬の角を取れば獅子と全く同じ姿なのだ。最初から狛犬は独立した道を進むこともなく、角の有無でしか区別出来ないようになり、木造の狛犬の角を削って獅子にしたり、角を付けて狛犬にしたりすることが可能だったのである。

角に長くこだわってきたのが浪花狛犬である。大阪府内の狛犬で江戸時代の年号が刻まれたものの中から頭上が欠損して角の有無が不明なものを除くと五八四対となる。

◎享和期以前（〜一八〇四）の狛犬　獅子・狛犬　九三対　獅子・獅子　〇対
◎文化期以降（一八〇四〜）の狛犬　獅子・狛犬　四〇〇対　獅子・獅子　九一対

明治が近づくにつれて獅子・獅子の組み合わせが増加するが、それでも獅子・狛犬が八割以上を占めている。江戸時代全体で見れば八四・四％にもなる。

同じ方法で東京23区の狛犬を調べてみると、

◎享和期以前（〜一八〇四）の狛犬　獅子・狛犬　二五対　獅子・獅子　一四対

◎文化期以降（一八〇四〜）の狛犬　獅子・狛犬　二〇対　獅子・獅子　七〇対

享和以前には狛犬・狛犬型もあったが、総計四三対が現存しているので、獅子・狛犬型が五八％を占めていることになる。ところが、文化期以降の獅子・狛犬型は二二％に過ぎない。獅子・獅子型は文政期に逆転し、文政期以降は八二％を占めることになる。東京の狛犬愛好家に獅子・狛犬の形式にこだわらない人が多いのも、このあたりがその理由であろう。

ちなみに近江の江戸時代の狛犬四〇対では、獅子・狛犬型が三二対いて、八割を占めており、やはり浪花狛犬文化圏らしい数字である。

出雲式の狛犬は基本的に獅子・獅子型であり、めったに有角の狛犬を見ることはない。参道狛犬の歴史の流れは、浪花狛犬の抵抗が見られたものの、全体に獅子・獅子型に向かう。やがて獅子・狛犬の区別を示す角さえなくなっていく。狛犬という言葉の概念が混乱するのも当然であろう。

◎第四期　獅子と獅子で狛犬

岡崎狛犬には角がない。吽形に角を付けたのも皆無とは言わないが極めて例外的である。岡崎狛犬の全国制覇によって獅子・獅子の時代に戻った。いわゆる先祖帰りであり、これを決定づけたのが岡崎狛犬による全国制覇である。

岡崎狛犬とは

左の写真は、日枝神社a（近江八幡市杉森町）で、昭和六三年（一九八八）に寄進された典型的な岡崎狛犬である。

日枝神社の岡崎狛犬

まず、岡崎狛犬の基本的な特徴を見ておこう。

①材料はほとんどが花崗岩である。

②阿形・吽形、獅子・獅子の組み合わせで、顔はみなほぼ同じである。

③耳は横に伸び、眉は各二個の巻き毛からなるのが多い。雌雄ははっきりしない。

④たてがみは巻き毛と直毛の束とが明確に分かれている。その中でも、渦巻きが二〇個、直

毛が一〇本のものが多い等、画一化されている。
⑤吽形は犬歯が二本（初期のものは四本）のみが決定的に多い。また、阿形は犬歯二本と他は臼歯という雑食性のものが多い。
⑥吽形の顎の下に、阿形にはない巻き毛のあごひげが二本ついているものが多い。
⑦尻尾を後ろから見ると、上へ伸びた炎形の部分と、左右に分かれる部分との三方向に伸びている。左右の部分は、直毛各一束と巻き毛とに分かれる。巻き毛は左右それぞれ三個か四個である。私はこの尻尾を「三尾」と呼んでいる。
なお、一部の尻尾は、岩にぶつかった波が左右に分かれて跳び上がるような形をしたのもいる。以前紹介した二分立波峰で、こちらの方が少数ながら尻尾の歴史としては古い。

岡崎狛犬の占有率

岡崎狛犬拡大の勢いは平成になっても増すばかりである。優等生の顔立ちで、身体とのバランスも良く、誰からも好かれる印象の狛犬である。ただ、私はあまりにも画一化されすぎていることが気になるし、彼らによって駆逐されてしまった各地域独特の様式の狛犬が痛ましく、また悲しい。在来種対外来種の問題で、私にとっての岡崎狛犬は琵琶湖にとってのブルーギルの様なものである。といっても、岡崎狛犬そのものには何の罪もないのであって、調査の時に邪険にするようなことはしていない(つもりである)。

京都府内の一三九八対の狛犬のうち、岡崎狛犬は一一六対で八・三%にすぎない。しかし、昭和期だけに絞ると、戦前は二六二対中三五対で全体の一三%を超え、戦後になると一二二対中六三対で五割を突破した。現在も増殖中である。

近江ではどうなのか。岡崎狛犬の総数は三七八対であり、狛犬総数一三八五対で割ると二七・三%となり、占有率は京都の三倍以上になる。時代別に見てみよう。

◎大正時代	狛犬総数二八一対	岡崎狛犬数　七対	占有率　二・五%
◎昭和戦前	狛犬総数三六一対	岡崎狛犬数　九六対	占有率二六・六%
◎昭和戦後	狛犬総数三一七対	岡崎狛犬数二六二対	占有率八二・六%

戦後には京都府以上の増加が見られる。それにしても八割以上は多すぎる。

古い岡崎狛犬

岡崎在住の小栗利郎氏が岡崎狛犬のルーツを求めて同市内を調査され、報告を地元の東海愛知新聞に連載された(二〇〇三年七月)。氏は私の狛犬講演会に参加されたようで、「最近は岡崎狛犬だらけだ」という私の愚痴に岡崎市民として居心地の悪さを感じられ、「それなら地元を調べよう」と思われたのがきっかけらしい。狛犬調査も何がきっかけになるか分からない。氏は調査の結果、明治の末頃に試行錯誤が重ねられ、大正初めに今の姿になったとされた。そして、地元の名工・戸松甚五郎氏の言葉として「岡崎式狛犬を今のようなスタイルに導いたのは酒井孫兵衛で、彼の造った狛犬を、何人かの石工たちが採寸したり、真似したり、参考にしながら自分流にしていった」との貴重な証言を載せておられる。

私が調べた中での最古の岡崎狛犬は、神奈川県小田原市の報徳二宮神社にいて、大正三年（一九一四）二月の寄進。台座には「三州岡崎石工　浅沼孫次郎」と彫られていた。岡崎狛犬はかなり早くから各地に運ばれ、寄進されていったようだ。

近江で一番古い岡崎狛犬は**八幡神社**a（蒲生郡日野町鳥居平）で大正一〇年（一九二一）の寄進。台座に「岡□石材株式会社」とあり、□は「崎」だと思われる。体長が七六cmもある立派な狛犬である。第二位がその二年後に設置された**平野神社**a（長浜市尊勝寺町）で、地元の井上佐平が「東宮殿下御成婚紀念」に寄進している。阿形の前足の下に直径一三cmの玉がある。吽形の前足下に子獅子がいる。親の前足にしがみついて何かをねだっているように見えてかわいい。子取り・玉取りの様式である。玉には模様が彫られていて、手鞠か玉つき遊びの玉を表しているのであろう。中国製の獅子像には玉に紐を付けるなどして装飾性に富んだものが少なくない。この玉はその系統だが、一方では模様の全くない玉もある。

前足を持ち上げて手の甲（足の甲？）で大事そうに玉を持ち上げている狛犬も何対かいる。こうなると遊びの玉ではなく、日本人らしい言霊信仰から「タマ＝魂」ととらえたのではないかと思えるのもあるので、これを見分けるのが玉観察のポイントである。

第五位となる**熊野神社**a（甲賀市土山町山中）は、大正一四年（一九二五）に地元の「功七級勲七等 岩木乙治郎」が寄進している。岡崎狛犬の基準を全て満たしているが、現在の流行の様式と比べて身体全体がどっしりしているし、たてがみの巻き毛の処理もややぎこちない。これが初期の岡崎狛犬らしい狛犬である。以後、どんどんスリムになり、彫りも深くなり、目鼻立ちの整った美少年へと進化していくことになる。この吽形にも子獅子がいるが、こちらは両足を折りたたんでリラックスしている。ネコなら「香箱《こうばこ》を作る」というスタイルだ。子獅子には仰向けで寝ているものや玉で遊んでいるものもいる。**乎彌《おみ》神社**a（長浜市余呉町下余呉）には、逆立ちしているのと親の背中に乗っているのと二匹がいる。子獅子が複数いるのは東京でよく見かけたが、近畿では珍しい。

八雲神社a（高島市今津町大供）は大正一三年（一九二四）寄進で第三位。体長が四三㎝と小柄である。阿形のたてがみは一〇個の巻き毛と一〇個の直毛から出来ている。吽形のたてがみも同じだが、あごひげが二毛つく。この様式は現在の岡崎狛犬にも受け継がれている基本形である。第四位が高島市今津町岸脇の**岸脇神社**bで大正一四年（一九二五）の寄進。同社

aは昭和五一年（一九七六）に寄進された現在の新しい岡崎狛犬であり、この間の五〇年間で岡崎狛犬がどのように進化したのかを観察するのにもってこいの神社である。

ちなみに、県内最大の岡崎狛犬が**田村神社**a（甲賀市土山町北土山）で、吽形の体長が一二二cmもある。台座を含めた全長が三三〇cmで、見上げるばかりの立派な狛犬である。当地出身で群馬県に住んでいる村井弥市らが、例の「岡崎 酒井孫兵衛」に依頼し、昭和三年（一九二八）に寄進したもの。尻尾は二分立波峰となっている。県内第三位の大きさで、吽形の前足の下にいる子獅子の体長でさえ五〇cmもある。一方、最も小さい岡崎狛犬が**野上神社**a（草津市追分）である。昭和四七年（一九七二）に氏子が厄除記念に寄進したもので、体長三六cm。田村神社aの子獅子より小さい。山椒は小粒で何とやらという言葉があるとおり、大きさだけでその霊力を測るのは誤りだが、この二対を並べると楽しいだろうなと思ってしまった。なお、野上神社aは県下で八番目の小ささで、これよりまだ小さな狛犬があと七対もいる。

近江の大正期を風靡した石茂式狛犬

明治の初期に浪花狛犬は衰退し、第二次大戦後に岡崎狛犬が急増する。この空白期間に近江で活躍したのが石茂式狛犬である。

石茂式狛犬は近畿を中心に見られる狛犬で、全国区の岡崎狛犬に比べて地方色が濃い。近江には丁度二〇〇対もいて、石茂狛犬最大の棲息地となっている
寄進年不明の一三対を除いて明治以降の占有率を見ていこう。

明治時代	狛犬総数二三六対	石茂狛犬数　三四対	占有率一四・四％
大正時代	狛犬総数二八一対	石茂狛犬数　八七対	占有率三一・〇％
昭和戦前	狛犬総数三六一対	石茂狛犬数　六一対	占有率一六・九％
昭和戦後	狛犬総数三一七対	石茂狛犬数　五対	占有率　一・六％

大正期には全盛を誇ったが、昭和戦前から岡崎狛犬に押され、戦後は見事に片隅に追いやられてしまった。

私がこの狛犬に出会ったのが北野天満宮（京都市上京区）。絵馬堂のすぐ前にいた。明治一五年（一八八二）の寄進で、石工名として芳村茂兵衛の名があった。現在も「石工の茂兵衛」を縮めた「石茂」を屋号とする株式会社芳村石材店（京都市上京区東堀川通）の先祖である。店主は代々「茂兵衛」を襲名していて、この狛犬は三代目か四代目の茂兵衛さんの作品らしい。浪花狛犬にない軽快さと装飾性を感じたので、茂兵衛さんに敬意を表して、仮に「石茂式狛犬」あるいは「京都狛犬」と名づけた。ただ、「京都狛犬」は明らかな間違いで、府県名を冠するなら「近江（滋賀）狛犬」の方がよさそうである。

なお、石茂式狛犬は各地域の石工が彫っており、石茂の作品だけではない。石茂の作品で残っていて一番古いのが**日枝神社**b（湖南市下田）で明治三八年（一九〇五）の寄進。台座には「京都堀川 石工 芳茂」とあり、「芳茂」の表記を使っている。

近江最古の石茂狛犬は**上《かみ》許《こ》曽《そ》神社**a（長浜市高山町）で、明治七年（一八七四）の寄進。北野天満宮bより八年も古い。寄進者は地元の方二〇名。石工名はなかった。

この狛犬は岡崎狛犬のようには画一化されず、各石工さんがかなり自由に彫っているので定義が難しく、写真で顔や特徴を覚えて頂くのが一番であるが、一応整理しておく。

上許曽神社の最古の石茂式狛犬

まず、阿形・吽形、獅子・狛犬、肉食・肉食の組み合わせである。吽形の角は短い一本角だが、頭の前の方についていて分かりやすい。ぼっちゃり気味の身体で、前に乗り出そうとしている。顔が大きく、阿形は口を豪快に開けている。上許曽神社はaは雨水で上顎付近が壊れかけてきたのか、針金で補強されていた。年齢が年齢だけに心配な狛犬である。

尖った歯も印象的であり、たてがみは顔の横に広がっているように見える。特に巻き毛の毛筋が美しく、全体的に躍動感が感じられる。台座の正面には牡丹が描かれていることが多い。足は短めだがしっかりと門番が出来そうな雰囲気である。

注目すべきは鼻の下である。カイゼル髭《ひげ》をご存じない方は、夏目漱石や森鴎外の肖像画を思い浮かべてほしい。口髭が左右に伸びている。ところが、石茂式狛犬の場合は両端が数回転する巻毛になっている。口髭を伸ばしていろいろな形にして遊んでいたサルバドール・ダリ（一九〇四～八九）でさえ出来なかった工夫である。そもそも、それまで口髭のある狛犬など殆どいなかった。浪花狛犬にも口髭はなかった。人間世界でも江戸時代の元禄以降には口髭文化が廃れていったが、明治になって復活する。石茂式狛犬に口髭が加えられたのも明治の文明開化の影響と考えてまず間違いあるまい。

今ひとつ面白いのは、初期の石茂式の何対かの目である。目は細く奥目状に造られていて、古いガラスのようなものが付いていることがある。木造の仏像などは内側から目を入れるが、石造なので上から被せている。当時は明治の初期らしいハイカラな狛犬として歓迎されたのであろう。しかし、当時の技術で作ったガラス目は耐久性がなかったので、多くが欠損している。明治一六年（一八八三）寄進の**湯谷神社**a（米原市米原）の阿形の左目には、調査時にはその破片が残っていた。立派に残っていたのが**日吉神社**a（近江八幡市安土町石寺）。明治二八年（一八九五）の寄進で、黒いガラス目が四個とも健在であった。

以上で、近江の狛犬が、陣内狛犬→参道狛犬となり、参道狛犬が、浪花狛犬→石茂式狛犬→岡崎狛犬と変遷してきたことをご理解頂けたかと思う。

大坂と江戸のはざま

近江に岡崎狛犬は多いが、美濃・伊勢・尾張・三河へ行くともっと多い。岐阜羽島市を調査している時、どの神社に行けども行けども岡崎狛犬で、それも歯の数から巻毛の数まで画一化していて、調査意欲を削がれたことがあった。これらの地方になぜ岡崎狛犬が多いのか、その理由を考えてみよう。

「日本三大狛犬文化圏」で説明したように、太平洋側の狛犬文化は、江戸狛犬文化圏と浪花狛犬文化圏に分けられる。江戸商人が販路を西へ拡大していき、大坂商人が東へ活躍の場を求めていけば、両者は必ず衝突したはずである。他の様々な文化が浜名湖から関ヶ原の間に境があるのと同じようになっていたに違いない。

ところが、江戸っ子の「箱根からこっちに化け物はいねぇ」という言葉が代表するように、彼らは箱根を大きなバリアーと捉えていたようで、西への進出が余り見られない。古い狛犬としては、家康の関係で静岡県の東照宮等には古江戸狛犬が残っている。それ以外にも探せばまだまだあると思われるが、古い狛犬が集中して存在するエリアについての情報はまだない。

江戸時代も後半になると、伊勢参りを「口実」にした関西への旅行者が多くなるが、個人の旅行では狛犬の寄進と結びつかない。大坂商人も瀬戸内海を西へ西へと進んでいき、販路を拓いていくが、先に見たように近江商人への遠慮からか、湖東へは積極的には入っていない。湖西の北では出雲の八重垣型狛犬が頑張っている。東への浪花狛犬の寄進は、船が寄港する港の神社に設置する程度である。

そして、両狛犬文化圏がぶつかることなく明治維新を迎えてしまった。おおざっぱに言えば、箱根の関から不破の関までが「狛犬空白区」「狛犬希薄区」として残ったのである。もちろんその中の神社にも狛犬は奉納されているだろうが、寄進ブームと言えるほどの動きはなかったようである。

明治維新となり、神道を国民の精神的支柱とした国造りがはじまる。その流れの中で、新しく造られた狛犬等で空白区が埋められていくようになる。だから右記の地方に岡崎狛犬が圧倒的に多いのである。

そう考えてくると、近江は「浪花狛犬文化圏の東端の砦」という位置づけになると言えそうである。

第十章　近江の狛犬いろいろ

湖南に集中する建部式狛犬

建部神社ｃの建部式狛犬

近江の国一宮・**建部大社**（大津市神領）に楽しい狛犬がいた。同社ａは石茂系の狛犬だが、同社ｂと同社ｃは面白かった。明治一五年（一八八二）に寄進された同社ｂは、五五㎝の小さな身体で一生懸命逆立ちをしている。魔除けというより、これも熱烈歓迎の表現なのであろう。対する吽形も前足の下に蓮の花のような像がある。他に例のない像である。

問題は境内の大野社前の建部大社ｃである。明治二二年（一八八九）の寄進であり、右が吽形、左が阿形で「吽阿－－」の形式である。阿形が直径一四㎝の玉の上に両前足を載せているのは理解出来るが、吽形が両前足を載せている下の物体は何だろうか。上辺と底辺に渦巻きの模様がある筒状のものが横になっていて、巻き寿司の太いような姿である。全く同じものを前足の下に置いた狛犬が**新茂智神社**aである（寄進年不詳）。両狛犬に共通するのはやや細身で顔が比較的小さいこと。目が細くて目尻が吊り上がっていることだ。

これより細身で小顔で、口がU字型に曲がり耳元まで裂けているかのような特異な容貌の狛犬には、京都府内で一度だけ出会ったことがあった。宇治市の山間部にある清滝宮（宇治市東笠取）の狛犬で、一時は盗難騒ぎで注目を集めた（詳細は拙著『狛犬学事始』）。当時の新聞記事では「三〇〇年前の狛犬、一〇〇万円の価値」と報じられていた。価値が妥当かどうかは分からないが、私は建部大社cを真似た明治以降のものだろうと考えている。

この様式の狛犬が県内に二〇対しかおらず、それも草津市以南の地域に集中している。他府県では見かけない貴重な狛犬であるので、これらのデータを列挙してみよう。

①建部大社c　大津市神領　明治二二年（一八八九）　狛犬・獅子　筒・玉
②**琴平神社**a　大津市大石富川　明治二二年（一八八九）　獅子・狛犬　玉・
③**大宝神社**a　栗東市綣　明治二五年（一八九二）　獅子・狛犬
④**八坂神社**a　大津市月輪　明治二八年（一八九五）　獅子・狛犬　玉・　岩・岩
⑤**猿田彦神社**c　草津市野路町　明治二八年（一八九五）　獅子・狛犬　岩・岩

⑥**野蔵神社**a	野洲市南桜	明治三〇年（一八九七）	獅子・狛犬	玉・	岩・岩
⑦**井口天神社**a	栗東市辻	明治三〇年（一八九七）	獅子・獅子	玉・	岩・岩
⑧**龍宮神社**b	草津市新浜町	明治三四年（一九〇一）	獅子・狛犬	玉・	岩・岩
⑨**天満宮**a	草津市西矢倉	明治三五年（一九〇二）	獅子・狛犬	玉・	岩・岩
⑩**子守神社**a	草津市御倉町	明治三六年（一九〇三）	獅子・獅子	玉・	岩・岩
⑪**膳所神社**a	大津市膳所	明治三六年（一九〇三）	獅子・狛犬	玉・	
⑫**兵主神社**b	野洲市五条	明治三七年（一九〇四）	獅子・狛犬		岩・岩
⑬**苗田神社**a	野洲市須原	明治三九年（一九〇六）	獅子・狛犬		
⑭**天満宮**b	大津市平野	明治四一年（一九〇八）	獅子・狛犬	筒・	
⑮**五箇神社**a	東近江市五個荘七里町	明治四三年（一九一〇）	獅子・獅子	玉・	
⑯**瀧樹神社**a	甲賀市土山町前野	明治四三年（一九一〇）	獅子・獅子	子・玉	岩・岩
⑰**若宮神社**a	野洲市北桜	明治四三年（一九一〇）	獅子・狛犬	玉・	岩・岩
⑱兵主神社c	野洲市五条	明治四四年（一九一一）	獅子・狛犬	玉・	岩・岩
⑲**小槻神社**b	草津市青地町	明治四五年（一九一二）	獅子・狛犬	子・	岩・岩
⑳新茂智神社a	大津市関津	寄進年不詳	獅子・狛犬	筒・	・岩

この狛犬を、最古と考えられる建部大社に敬意を表し、建部式狛犬と名づけている。

この一覧の「岩」は、一番上の台上に岩があり、そこへ狛犬が前足をのせていることを表している（カバー表 井口天神社狛犬参照）。狛犬の足下に岩を設置する様式は佐賀県の狛犬でよく見たが、近畿では滅多にない。獅子・狛犬のパターンも全てに守られているとは言えないし、玉や子獅子もかなりファジーである。近江以外で見かけないミステリアスな狛犬で、しかも、建部大社cが誕生して以来、わずか二十余年間で消え去ってしまった幻の狛犬である。

近江唯一の白山式狛犬

狛犬見学ツアーのガイドをしている時、狛犬好きの若い二人の女性から「先生、オカッパ狛犬、ワカメちゃん狛犬って知ってますか」と聞かれてとまどったことがある。写真を見せてもらって白山式狛犬のことだと分かったが、彼女らは「かわいいのでワカメちゃんの追っかけをしているんです」と楽しそうに笑っていた。

写真の長浜市木之本町木之本の**意冨布良神社**《おおふら》eが白山式狛犬で、見て頂ければお分かりのように、確かに阿形・吽形ともに髪は磯野ワカメである。この狛犬が県内唯一の白山式参道狛犬で、昭和六一年（一九八六）の寄進と比較的新しい。だが、白山式狛犬の歴史は古い。材料は福井市の足羽山周辺で採掘される笏谷石《しゃくだにいし》。堆積岩系で青白色の脆い石であり、細

意冨布良神社ｅの白山式狛犬

工がしやすく、古墳時代の石棺にも使われている。地元の研究者が「白山狛犬」と命名されていたので、私もそれを踏襲している。

白山式狛犬は、笏谷石を材料にしていること、おかっぱ頭をしていることが特徴だが、古いものはたてがみの直毛の先が巻いているものもいる。阿形・吽形で、獅子・獅子の形式が多い。顔を真っ直ぐ前に向けていて、製作年代や寄進者名が直接身体に刻まれていることが少なくない。

これらはもともとは神殿内用に造られたもので、小型だった。福井の三国港から船に乗せられ、日本海各地に運ばれていった。出雲の狛犬が日本海全体に広がったのも、この白山式狛犬の流通がその歴史的背景にあったからかも知れない。

丹後半島の高森神社（京丹後市大宮町）の白山式狛犬二対は、いずれも体長二五cmと小柄で、文和四年（一三五五）と天正二年（一五七四）の銘が入っている。それがのちに大型化し、参道狛犬に成長したのであろう。この意冨布良神社ｅは体長が九〇cmもある。

代表的な白山式狛犬は気比神社（敦賀市曙）の児宮社の前にいて、体長一三二㎝の立派なものである。かつては表参道にいた狛犬が移動している。現在も境内八対中三対が白山式狛犬である。それ以上に多いのが八幡神社（敦賀市三島町）で、六対もいる。

意冨布良神社ｅは分水嶺を越えてやってきたのだろうが、ここでも木之本と敦賀との結びつきが見えてきてほほえましくなる。狛犬は親善大使の役割も果たしているのである。

近江の青銅製狛犬

青銅製の狛犬の歴史は古い。大阪府内に二五対、京都府内に六対、滋賀県内に五対現存するが、しかし、寄進された数はもっと多かったはずである。

たとえば、第五章で紹介したように、**大荒比古鞆結神社**（高島市マキノ町浦）にいた青銅製の狛犬は、武器生産に必要な金属資源の不足を補うため、戦時中に出された金属回収令の対象となり、供出された。**山村神社**ｂ（甲賀市水口町山）も「昭和二一年再建」とあり、大正七年（一九一八）に寄進された先代の青銅製狛犬は供出されたとある。**牟佐神社**ａ（近江八幡市武佐町）も、「昭和六辛未年一〇月寄進の青銅狛犬が大東亜戦争供出」されたため、昭和一八年（一九四三）再建とある。このように多くの青銅製狛犬が消えていった。

長等神社ａ（大津市三井寺町）は寄進年が書かれていないが、他の五対と同じように戦後

長濱八幡宮ａの青銅型古代式狛犬

に寄進されたものであろう。凜々しい姿で首に鈴が付けられていて、一章で紹介した古代式狛犬の青銅製版である。当社は近江大津京の鎮護として天智天皇時代に創建された古社で、青銅製の古代式狛犬が似つかわしい。阿形・吽形ともに獅子で、両方とも雄である。

長濱八幡宮ａ（長浜市宮前町）も首に鈴のある青銅製の古代式狛犬で、昭和五三年（一九七八）の寄進。体長が八六cmもあり、県内の青銅製狛犬としては一番大きい。こちらも獅子・獅子だが、吽形の方だけが雄である。長等神社も長濱八幡宮も戦前は県社であり、同じ社格の神社に同じ様式の狛犬がいるのも面白い。

鈴休《すずやみ》神社ａ（蒲生郡日野町内池）は鈴鹿雅正氏が設計したオリジナルの青銅製作品で、痩身かつ気品のある狛犬である。製作は磯村才治郎氏で、昭和三〇年（一九五五）の寄進。磯村氏は一九六六年に錺金具修理技術師として勲六等瑞宝章を受章されている名工である。

あとの二対はともに昭和六二年（一九八七）の寄進。一対は**蜊江《つぶえ》神社**ａ（守山市笠原町）。阿形の口の開け方がすごい。青銅ならではの表現であろう。石像だと大口を開けるために顎の付け根を細くすると壊れやすくなるからだ。吽形の六cm近い角も立派である。「蜊」は珍しい字だが、タニシのこと。野洲川の氾濫時にタニシが付着した御輿《みこし》が社殿の前で止まったために祭神が流されずに済んだことから「御蛳様《おつぶさま》」として祀ったのが由来とされる。タニシを神使とする神社は珍しい。民話には、田螺《たにし》長者や田螺息子の話があり、タニシが福をもたらすモノと考えられていたことと関係するのであろう。

今一対の**千代神社**a（彦根市京町）は、九本の尻尾の先が後方に靡いていて颯爽としている。実は全く同じ狛犬が大阪市の豊国神社（中央区）にいる。体長も七六㎝と同じである。青銅製狛犬の場合、型にはめて造るから、同じ型から同じ狛犬が誕生することになる。豊国神社の方は平成二年（一九九〇）の寄進で、台座に「鋳工　大槻竹信」とある。千代神社aも多分同じ作者であろう。青銅製狛犬には、各地に散ったクローン狛犬を見つけるという楽しみもある。

なお、**大宮神社**（東近江市平田町）の内陣には昭和五四年（一九七九）寄進の青銅製狛犬がいる。また、**日吉神社**（甲賀市水口町下山）拝殿前に鋳物の里高岡市で造られた玉乗り獅子（体長五五㎝）が平成になってから奉納されるなど、近年寄進が増えているのはありがたいことである。この狛犬たちが供出されなくてすむ社会が続くことを念じたい。

近江の巨大狛犬ベスト五

趣向を変えて近江の巨大狛犬ベスト五を発表する。但しご了解頂きたいことがある。これまで体長等の数値をセンチメートル単位で示してきたが、精密な機器で測定したわけではない。所詮素人の計測なので誤差は出てくる。今までの数値も、正しくは数字の前に「約」を付けるべきなのだろうが、煩わしくなるので省略してきた。だから、これ以降の数値もおおよその数として、おおらかかつ寛容な気持ちで接してほしい。

ベスト五の体長は、一対の内の大きい方を表している。体長の次の数字は台座を含めた全長である。

第一位	一七八cm	三〇七cm	**八幡神社**b	大津市南小松
第二位	一三一cm	三三八cm	**春日神社**a	東近江市妹町
第三位	一二二cm	三三〇cm	**田村神社**a	甲賀市土山町北土山
第四位	一二〇cm	二五四cm	**滋賀縣護國神社**a	彦根市尾末町
第五位	一一四cm	三八〇cm	**多賀大社**a	犬上郡多賀町多賀

第一位の八幡神社bは体長が一七八cmもあり、二位を四七cmも引き離してダントツである。明治一五年(一八八二)に雄松濱組の雄松清によって寄進された。雄松濱は近江舞子の浜の名前であり、雄松氏は地元の方であったのだろう。御影石で出来ていて、目を白くして

八幡神社ｂの近江最大狛犬

真ん中に黒点を描いているので、目力の強い狛犬になっている。吽形には二本に分かれた一三cmの長い角があり、前足下の玉は透かし彫りになっている。作者は「石工　甚八」。かなりの腕の人物と見たが、県内の他の狛犬のどれにも名前を残していない。

　実はある講演会で狛犬の話をした後で、この八幡神社の氏子と思われる方から、神社の住所を言って「ここの八幡神社の狛犬を知っていますか」との質問を受けたことがある。「知っていますよ」と答えると、「日本一の大きさでしょう」と言われ、返答に困った。「そうです」と言ってほしそうな顔をしておられたからである。嘘をついて迎合するのはイヤなので、「最大級の大きさですね」といういい加減な答えで逃げたことがあった。残念ながら日本一ではない。私の知っている範囲では、セメント製の鶴岡八幡宮ｂ（神奈川県鎌倉市）が体長二〇八cmで一位である。この八幡神社ｂは現時点で全国の七位となるが、一一、八八三対中の七位だから立派なものである。全国の一六・五％程度の調査での暫定順位であるが、全国悉皆調査が終了したと仮定しても五〇位以内に入るに違いない。

なお、平成に寄進されたものを入れると、愛知県で三mを超す狛犬を見たことがある。まだまだ巨大化していくのかも知れない。

春日神社の尾道式狛犬

第二位が春日神社a（東近江市妹町）の一三一cm。大正一一年（一九二二）に奥村徳蔵・善兵衛兄弟（多分）が寄進している。阿形・吽形とも、両前足を玉の上に乗せている。玉も直径が六〇cmもある大玉である。この様式を尾道式狛犬と呼んでいる。浪花狛犬の生産が需要に追いつかなくなりつつあった文政期頃から、尾道の石工達が造り始めたもので、広島県内では大量に寄進されている。この狛犬の台座に「尾道市向島　恵谷喜一作」と刻まれていて、ここまで運んできたことは確かだ。県内唯一の尾道狛犬だ。京都府内にもいるが、そちらも府内に一対だけである。この狛犬が楽しいのは尻尾である。何本にも分かれているが、その一本が後頭部にまで伸びて合体している。まるでカバンの取手のように見えて仕方がない。巨人がいればここを持って運んでいくのだろうか。

第三位の田村神社aと第四位の滋賀縣護國神社aは、それぞれ岡崎狛犬と古代式狛犬のところで紹介したので、説明は割愛する。

第五位の多賀大社aは明治四三年（一九一〇）の寄進で、台座には「石工　松居六三郎」の名前が刻まれている。「松居石材店」の狛犬は他にもあり、六三郎の名が刻まれたのは他に二対ある。**田村神社**a（長浜市田村町）と**後鳥羽神社**a（長浜市名越町）で、「彦根町　松居六三郎」と「彦根町」を加えている。この二対はよく似ているが、多賀大社aとは似ていない。製作年が二五年以上離れているので、同じ名前でも代が変わったのであろう。とすれば、先代の方が腕は確かだ。多賀大社aは六三郎のオリジナル作品と思われる。首輪に鈴や瓔珞を付けているのは中国狛犬の影響だろう。顔の表情も良く、原弥平衛ら二一名の多賀大社信仰者が、彦根の石工に依頼しただけのことがあると言える。

六位は一一三cmの**天満宮**b（守山市守山町）。五位と一cmの違いしかなく、素人測量の誤差の範囲内なので、蛇足ながら付け加えておく。

近江の小型狛犬ベスト三

小さいながらもよく頑張っている狛犬たちを紹介する。なお、体長は一対の内の小さい方の数値である。その次の数字は全長を表す。

第一位　二〇cm　八三cm　**日吉神社**b　高島市今津町深清水

第二位　二四cm　六二cm　**天神社**a　蒲生郡日野町小野
第三位　三三cm　一九cm　猿田彦神社c　草津市野路町
　　　　三三cm　二〇cm　**弁財天**a　栗東市小柿

第一位の日吉神社bは大正八年（一九一九）の寄進で、写真のように逆立ちをしている。台座も一二cm×一八cmと小さく、雛祭りの三人官女の台程度である。逆立ち狛犬は県内で他に二対いるが、建部大社b（大津市神領）は、先に紹介したように阿形だけが逆立ち姿で（体長五五cm）、吽形は蹲踞している。阿形・吽形とも逆立ちしているのは、体長六七cmの**御霊神社**b（大津市北大路）とここだけである。御霊神社bは、真上に足を上げ、幼児のようなお腹を出している姿が可愛い。日吉神社bは鋭い表情である。逆立ちと言うより上空から跳び降りてきた印象を受ける。闘争心一杯で、決して熱烈歓迎の姿ではない。

よく見れば、左の方が比較的大きな口を開けているので、吽形・阿形型である。右の吽形は体長二五cmで、足の先が欠損している。ただ、足先を復元しても尻尾の先の方が

日吉神社の近江最小狛犬

高く、数値に変わりはない。問題は阿形で尻尾が破損していることだ。これを復元すると、ひょっとすると一位と二位が入れ替わるかも知れない。ちなみに京都府内最小が二六cm（某神社・盗難予防のために非公開）、大阪府内が比売許曾《ひめこそ》神社ｃ（大阪市東成区・こちらは大丈夫なので公開）の二〇cm。どうもこの辺りが参道狛犬の小ささの限度のようである。

　第二位は体長二四cmの天神社ａ。明治二一年（一八八八）の寄進で、獅子・獅子型。それでも吽形の方は右前足でしっかりと玉を押さえている。この玉の直径も五cmしかないが、ちゃんと模様が彫られている。この狛犬だけではちょっと心配だったのか、平成になってから体長七一cmの岡崎狛犬が境内に助っ人として寄進されている。

　第三位は二対いる。一対が猿田彦神社ｃで、建部式狛犬として既に紹介した。かつては目にガラス玉のようなものが入っていたのが欠損している。作者の意図にはなかったのだろうが、目が窪みすぎているのもそれなりに魔除けの力を感じさせる。今一対の弁財天ａは、昭和一一年（一九三六）の寄進で、石茂式狛犬を発展させた様式の狛犬だが、石茂式狛犬はどんどん様式が多様化していくので一つの種としてはまとめにくい。耳が横耳で後ろに靡くようになっているが、耳の縁に何本もの縦線を入れている。これだけでもかなり躍動性が感じられるので、この工夫をした石工は偉いと思う。

狛犬に込められた思い

ある狛犬見学ツアーで、参加者の方々に「神様はいい方ですか、悪い方ですか」という質問をしたことがあるが、怪訝な顔をして誰も答えてくれなかった。多分突飛な質問に警戒されたのだと思うが、神道を考える上で重要なポイントだと思う。

私は「神様は人間が出来ないことを出来る力を持った存在」だと考えている。神様は、人々に豊作をもたらすことも出来れば、日照りで苦しめることも出来る。都に禍をもたらせた道真公の怨霊は、今は落ち着かれ、学問の神様になっておられる。人間が出来ないことには、人間を喜ばす力と困らす力との二面性がある。それを神道では「和魂《にきたま》・和御魂《にきみたま》」と「荒魂《あらたま》・荒御魂《あらみたま》」という言葉で表現しているのであろう。

しかし、室町時代以降の七福神信仰に見られるように、神様も我々に幸せを授けてくださる福神の面ばかりが強調されるようになる。現世利益の信仰である。ある神社の「ご祈祷一覧」を見て驚いた。病気回復から針供養まで数十種類が書かれていた。この風潮の中で人々は「神様は我々がお願いする対象」と考えてしまうようになっていく。「五円の賽銭でよい御縁を授かろうなんて、そんな甘いもんやない」という一発ギャグもあった。「十円の賽銭で宝くじが当たり、試験に合格して、いい会社に入れて、いい嫁を見つけられて、無病息災で、災害にも遭わずなんて厚かましすぎる」との落語のセリフもある。神様は幸福配達・財宝分配の役割をなさるのが本来の姿ではないはずだが、その落語を聞いて笑っている人々も、神社へ行けばいっぱいお願いしている。

だいたい「賽銭」という言葉が誤解されている。「賽」は「むくいる」。神から福を受けたことに対してお礼にまいる」の意味であり、「賽銭」は「参拝人が神仏にお礼として供える銭」の意味である。願い事を叶えてもらうための供託金では決してない。

神道では、タマ（玉・魂）が身体に入り込んで人間が誕生すると考える。最初の「タマ」は清純無垢でなんのケガレもない。生きているとどうしてもケ（気）がカレ（枯）ていき、ケガレを身につけてしまう。その汚れを清めるのが「ハライ」である。ミソギ・ハライこそが神道で最も大事な宗教儀式である。ヒトガタに息を吹きかけたり、身体をさすることで、ついつい身に付けてしまったケガレをヒトガタに移し、水に流して、元の純粋無垢な魂に戻すのである。そう考えると、いつも気になるのが新車を買って神社で祓ってもらっている人たちである。「安全祈願」の意味はもちろんあるが、新車にはまだケガレは付いていない。車検の時ごとにお祓いしてもらうことが本来の姿と思えてならない。

「生まれ変わる」という発想、もとの「玉」に戻るという発想は、修験道にも通じる。「胎内くぐり」などその典型である。また、沖縄の民俗行事にも色濃く残っている。

剣豪・宮本武蔵が吉岡一門と戦った「一乗寺の決闘」の日の未明、彼は八大神社（京都

市左京区）に立ち寄って拝もうとしたが、

我れ神仏を尊んで、神仏を恃《たの》まず

と悟り、境内に足を踏み入れなかったと伝わっている。神に助けを求めるのではなく、自らの努力を見守って頂ける存在とする武蔵の態度こそ、本来の参拝のあるべき姿であろう。私は山好き人間で、登る前に神社があれば「頑張って登りますので見守ってください」とお願いし、下山すると「無事帰って来られました。ありがとうございました」とお礼をするように努めている。ただ、こんな偉そうなことを書いているが、手を合わせるとついついいろいろとお願いしてしまう自分がいるのも事実である。人間とはいっぱい「ケガレ」を身につけている業の深い存在であるとつくづく思う。

長々と「神道論」を書いてきたのは、狛犬寄進をされた方々が台座に刻まれた「寄進理由」のほとんどが、「お願い」ではなく、本来の神信仰のあり方である「お礼」の心に満ちていて、読んでいてすがすがしい気持ちになることを分かって頂きたいためである。

絵馬には、長年の病苦を救ってほしいなどの切実な願いが書かれることもあり、応援したくなることがある。一方、厚かましいお願いも多い。絵馬は簡単に書けるので安易に欲望も出てくるが、狛犬奉納にはそれだけの時間と資金がいる。準備していく過程で寄進者の心も祓われていっているに違いない。

近江の人々の寄進理由を今までも紹介してきたが、まとめてみたい。
圧倒的に多いのは、「厄除」「初老」「還暦」などの節目の年を超した時の記念に奉納した狛犬である。もともと寄進理由そのものが刻まれることが少ないのだが、「還暦記（紀）念」の狛犬が四九対、ついで「初老記（紀）念」が三九対、「厄除記（紀）念」が二五対と続く。書かれてはいないが、実際にはもっと多いのであろう。これらの寄進が他府県と比べて圧倒的に多いのは、近江では集落毎の氏子組織がしっかりしているからであろう。特に同年生まれの会が元気である。狛犬だけでなく、神社の修理や、幕や幟《のぼり》、境内の竃、植樹等を同年会で寄進しているのをよく目にした。「還暦祈願」ではなく、無事に過ごせたというお礼の意味を込めた「還暦記念」であることが嬉しい。

大野神社a（栗東市荒張）は夫婦で寄進された狛犬で「米寿報賽」の字も良い。**市神神社**a（東近江市八日市本町）の「卒寿 山田平治・米寿 福原九右衛門」の連名もほほえましい。**吉姫神社**a（湖南市石部東）は「山本よし百歳記念」で、よしさんの息子や孫達が奉納している。一九七七年の寄進だから、よしさんは明治の初めに生まれ、大正・昭和と生き抜いてこられたのだ。

春日神社a（甲賀市土山町瀬ノ音）は明治三六年（一九〇三）の寄進で、「兄弟賀三百歳」として「兵太郎・栄治郎・源七・萬□・ツユ・シゲ・ツギ」の七名の名前が刻まれていた。平均四三歳だが、合計年齢での奉納を思いついたのが素晴らしい。**小津神社**ａ（守山市杉江町）も同じ趣向で「両親一五〇歳、兄弟三〇〇歳記念」とあった。七名の名前が書かれていたので、兄弟姉妹の平均年齢四三歳の時の寄進である。

珍しいところでは、**日吉神社**ａ（甲賀市甲南町野川）で、昭和九年（一九三四）の寄進。二人の名前と共に「義兄弟記念」と刻まれていた。多分、親の血を引く兄弟よりも仲がよかったのだろう。

年齢関係の寄進についで多いのが戦争関係である。日露戦争関係が一三対あった。愛知郡愛荘町沓掛の**石部神社**ａには、戦争直後の明治四〇年（一九〇七）に「日露戦役従軍者」二二名が寄進している。「征露紀念」「凱旋記念」の勇ましい文字より、「日露戦役記念」と書かれている方が「帰って来られた」という気持ちも読みとれ、人間的な気がする。もちろん、「日露戦役旅順攻団参加軍人故小森富三郎為紀念」（**速玉神社**ａ・甲賀市水口町水口）のように、戦死者の遺族が慰霊のために奉納したのも数対ある。日露戦争は「世界の強国に勝った、日本はもはや一等国だ」という意識から、全国各地で数多くの狛犬が寄進されている。

若宮神社ａ（草津市芦浦町）には、寄進日を「皇紀二千六百年卯月」とし、「志那事変出征者」として二四名の名が刻まれている。「盡思報国」「武運長久」の言葉もむなしく終戦を迎えると、帰還者がお礼に狛犬を寄進する。

新宮神社b（草津市野路町）には、「第二次世界大戦帰還者」として遠藤亀次郎をはじめ九〇名もの名前が刻まれている。昭和四六年（一九七一）の寄進だから、戦後二〇余年経っている。九〇名の方々の心の中にあった様々な思いが整理されるまでに二〇年間が必要だったのだろうか。私には、狛犬寄進日が九〇名の方々にとっての本当の意味での終戦記念日であったような気がしてならない。

狛犬は、懸命に生きてきた一人一人の感謝の気持ちが込められた存在でもある。近江の氏子さん達が奉納した狛犬が、魔除けを目的とした恐ろしい顔の狛犬からどんどん柔和な表情に変わっていく根本の理由は、浪花狛犬の影響というより、人々の感謝の気持ちの温かさがそうさせてきたのだと考えたい。

あとがき

ある神社での話である。神官の方が怒っておられた。私は境内の狛犬について質問をしたが、それに答えられたあと、我慢しきれない様子で境内の小さな狛犬を指さして「さっきね、参拝者があの狛犬が気に入ったから譲ってくれと言うんですよ」と、少し感情的に仰った。「へぇー、何を考えてるんですかね」と相づちを打ったあとの神官の言葉に感動してしまった。彼は、

神様のものを売れるはずがないでしょう。

と仰ったのだ。

私が狛犬調査で神社を訪れる時、この言葉を忘れないようにしている。現在は神主さんが常駐しておられない神社の方が圧倒的に多い。鎮守の森に囲まれて外から見えにくい状況もある。「氏子以外立入禁止」の張り紙のある神社さえあった。神様のご意志とはずれている気もするが、警戒される気持ちは理解出来るし、私もそれなりに気を遣いながら境内に足を踏み入れさせてもらっている。だが、多くの神社を巡っていると、心ならずも神社

の方や氏子の方にご迷惑をおかけしたことがあったかも知れない。もしそんなことがあったとしたら、ここでお詫びを申し上げたい。

近江の狛犬を紹介するとしたら、地域ごとの代表的な狛犬を採り上げ、それにまつわる話を書くという方法もあったが、あえてとらなかった。そうすれば、狛犬についての表面的・断片的理解で終わってしまいそうな気がしたからである。

狛犬の楽しみ方は色々あっても良いと思う。「ヘンガオ」を集めるのもよいし、「誰それに似ている」という楽しみ方もあってもよい。しかし、狛犬を理解するためには
　近江の狛犬は、他の地域の狛犬と比べてどのような位置づけなのか。

　近江の狛犬は、狛犬史上どのような位置を占めているのか。

の二点は外したくなかった。いわば、狛犬の地域的・歴史的把握である。狛犬調査を始めた時から一貫して大事にしてきたことでもある。そのために本書のような構成をとった。順番に読み進めていけば理解頂けるように配慮したつもりだが、私の主観的判断は当てにならないので、意図がうまくいったかどうかは読者の方々のご判断を待つしかない。

私の近江での狛犬調査第一号は、一九九〇年一月に訪れた膳所神社(大津市膳所)であった。狛犬のどこを調査して良いかも分からず、手こずったことを覚えている。あとで「湖南に集中する明治期の幻の建部式狛犬」と分かるのだが、そんな価値ある狛犬に最初から出会っ

たのは不思議なご縁があったからだろう。最後となった日吉神社(高島市鴨)の調査までは、他地域と並行して調査していたこともあって三〇年もかかってしまった。

先に悉皆調査を終えた京都府・大阪府については調査報告をまとめて既に上梓したが、その後、他の仕事等に追われ、なかなか滋賀県内をまとめることが出来なかった。ずっと気になっていたのだが、今回、サンライズ出版さんのご厚意でまとめる機会を得たことを感謝している。たぶん、近江の狛犬たちが集まって「早くまとめろ」と後押ししてくれたに違いない。ただ、調査から時間が経っているのもあるため、紹介した狛犬さんの中には既に引退するなど、現状とは乖離している虞もあるので、その点はご容赦頂きたい。

京都府を回った時には、北と南とで狛犬文化が違うことに驚かされた。大阪府を回った時には、大坂商人のバイタリティに驚かされた。滋賀県を回った時には、神社を支える氏子組織がしっかりしていることに驚かされた。その意味でも、近江の狛犬さんたちは幸せだと思う。冬の余呉町で雪除けの藁を被せられている狛犬を見た時には、氏子の人々が笠地蔵のおじいさんのような人物に思えてしまった。

本書は、私がいかに近江の狛犬さんたちと楽しく過ごしてきたかの報告書である。また、三〇年来の狛犬調査の集大成とも思っている。

テレビで、著名な動物写真家が撮影した猫の番組がある。彼は常に「かわいいねー」「いい毛並みをしてるねぇ」「どこから来たのかな」などと話しかけながら猫に近づいていく。文字通りの猫なで声である。これが猫と仲良くなるための一番の方法らしい。その番組を見ながら気づいたのは、私も狛犬さんに対して全く同じことをしているということだった。「いい角してるね」「ごめんね、体長を測らしてね」「遠い所までよくやってきたね」などとつぶやいている。これで仲良くなれるのだ。調査後には頭をなぜてさよならをする。

本書は、いつも狛犬さんに話しかけているのと基本的には同じ気分の文章なので、冗長になったり、話が飛んだりすることもあるが、これが私の楽しみ方だから仕方がないと居直っている。

私には私なりの楽しみ方があるように、読者の皆さんにもそれぞれの楽しみ方があると思う。本書を一つのきっかけとして、各地域の狛犬さんたちと仲良くなって頂ければ、それ以上の喜びはない。「まえがき」の文末と同じ文になったと苦笑しつつ、筆を置く。

二〇二〇年秋

小寺慶昭

主な参考文献

『石の旅―野石・石仏・石工たち』金森敦子　クロスロード１９８８
『江戸時代　近江の商いと暮らし』青柳周一他編　サンライズ出版　２０１６
『大阪狛犬の謎』小寺慶昭　ナカニシヤ出版　２００３
『近江　石の文化財』瀬川欣一　サンライズ出版　２００１
『近江の地名―その由来と変遷』京都地名研究会編　サンライズ出版　２０２０
『近江の年中行事と民俗』橋本章　サンライズ出版　２０１２
『近江のやきもの』琵琶湖文化館編　サンブライト社　１９８１
『近江歴史紀行』びわ湖放送編　秋田書店　１９７５
『岡崎狛犬ものがたり』小栗利郎　東海愛知新聞　２００３
『神ながらの道』高原美忠　神道史学会　１９６９
『角川日本地名大辞典25　滋賀県』角川書店　１９７９
『京都狛犬巡り』小寺慶昭　ナカニシヤ出版　１９９９
『狛犬』　京都国立博物館　１９９０
『狛犬学事始』ねずてつや　ナカニシヤ出版　１９９４
『狛犬見聞録』永井泰・廣江正幸　ワン・ライン　２０１０
『狛犬事典』上杉千郷　戎光祥出版　２００１
『狛犬をさがして』　橋本万平　精興社　１９８５
『参道狛犬大研究』　日本参道狛犬研究会　ミーナ出版　２０００
『参道狛犬の誕生と〈棲み分け〉』』小寺慶昭　ヒトと動物の関係学会誌16号　２００５
『滋賀県の地名』日本歴史地名大系25　平凡社　１９９１

『滋賀県の歴史　県史25』　畑中誠他編　山川出版社　１９９７
『獅子と狛犬』　ＭＩＨＯ　ＭＵＳＥＵＭ　青幻社　２０１４
『神社神道の常識』河田晴夫　清明舎　１９７７
『神社読本』大日本神祇会編　日本電報通信社　１９２０
『神道の成立』　高取正男　平凡社　１９７９
『図説滋賀県の歴史』　木村至宏編　河出書房新社　１９８７
『全国神社名鑑　上・下』全国神社名鑑刊行会編　同センター刊　１９７７
『旅の石工―丹波佐吉の生涯』金森敦子　法政大学出版局　１９８８
『丹波佐吉の狛犬再記載―佐野・天神社』磯辺ゆう　奈良女子大学短期大学紀要　２０１２
『丹波佐吉の新発見狛犬―醍醐・春日神社』磯辺ゆう　奈良女子大学短期大学紀要　２００９
『中国獅子雕芸術』　朱国栄編著　上海書店　１９９６
『鎮守の森再考』牧野和春　春秋社　１９９４
『日本「神社」総覧』上山春平他著　新人物往来社　１９９２
『日本全国獅子・狛犬ものがたり』上杉千郷　戎光祥出版　２００８
『日本の神々　神社と聖地５　山城・近江』谷川健一編　白水社　１９８６
『日本の美術二七九　狛犬』伊東史朗　至文堂　１９８９
『日本六十八カ国一宮巡歴記』生谷陽之助　日経大阪ＰＲ　２００３
『備前焼の狛犬』相原武弘　日本文教出版　２０１６
『ふるさとの狛犬』　京都府立丹後郷土資料館　１９７４
『ほっかいどうの狛犬』　丸浦正弘　中西出版　２００７

＊県内各自治体が作成された市町史（誌）等も参考にさせて頂きました。また、狛犬調査に快く応じて下さった多くの神社の方々、氏子の方々にに心よりお礼申し上げます。

ま行

や行

ら行

わ行

た行

な行

は行

索　引

本文中の太字の社寺名について、50音順に作成した。
なお、各章毎に太字の後にも該当社寺の記述があるがそれは示していない。

あ行

か行

さ行

■著者略歴

小寺　慶昭（こてら　よしあき）

1948年、京都市に生まれる。京都教育大学国文科を卒業後、1970年より京都府内国公立中学校教諭（国語科）、副校長等を経て、1995年から2013年まで龍谷大学文学部に勤務（教師教育学）。現在、龍谷大学名誉教授。1992年には狛犬研究で宇治市の「第二回紫式部市民文化賞」を受賞。著書:『狛犬学事始』『京都狛犬巡り』『大阪狛犬の謎』（以上、ナカニシヤ出版）、『大阪府の参道狛犬』（橋本印刷）。共著:『近江の地名―その由来と歴史』（サンライズ出版）・『京都学の企て』『京都学を楽しむ』（以上、勉誠出版）、『地名が語る京都の歴史』（東京堂出版）ほか。

近江の狛犬を楽しむ　淡海《おうみ》文庫67

2020年12月15日　第1刷発行　N.D.C.175

編　者　小寺　慶昭

発行者　岩根　順子

発行所　サンライズ出版株式会社
〒522-0004 滋賀県彦根市鳥居本町655-1
電話 0749-22-0627　FAX 0749-23-7720

印刷・製本　サンライズ出版株式会社

ISBN978-4-88325-199-5 C0339　Printed in Japan

淡海《おうみ》文庫について

「近江《おうみ》」とは大和の都に近い大きな淡水の海という意味の「近淡海《ちかつあふみ》」から転化したもので、その名称は『古事記』にみられます。今、私たちの住むこの土地の文化を語るとき、「近江」でなく、「淡海《おうみ》」の文化を考えようとする機運があります。

これは、まさに滋賀の熱きメッセージを自分の言葉で語りかけようとするものであると思います。

豊かな自然の中での生活、先人たちが築いてきた質の高い伝統や文化を、今の時代に生きるわたしたちの言葉で語り、新しい価値を生み出し、次の世代へ引き継いでいくことを目指し、感動を形に、そして、さらに新たな感動を創りだしていくことを目的として「淡海文庫」の刊行を企画しました。

自然の恵みに感謝し、築き上げられてきた歴史や伝統文化をみつめつつ、今日の湖国を考え、新しい明日の文化を創るための展開が生まれることを願って一冊一冊を丹念に編んでいきたいと思います。

一九九四年四月一日